Pendo

ULLA GAHN

Unter Strom

Die Story meiner kleinen Weltrettung
oder Wie Ökostrom zur Party wurde

Pendo München und Zürich

Der Inhalt dieses Buchs wurde nach bestem Wissen und Gewissen recherchiert. Sollten sich wider Erwarten Fehler eingeschlichen haben, bitten wir, diese zu entschuldigen und gegebenenfalls Kontakt mit dem Verlag aufzunehmen.

FSC
Mix
Produktgruppe aus vorbildlich bewirtschafteten Wäldern und anderen kontrollierten Herkünften
Zert.-Nr. GFA-COC-1262
www.fsc.org
© 1996 Forest Stewardship Council

1. Auflage 2008

Redaktion: Regina Carstensen
Umschlaggestaltung: Hauptmann & Kompanie
Werbeagentur, München-Zürich
Gesetzt aus der Today light
Satz: BuchHaus Robert Gigler, München
Druck und Bindung: Druckerei Pustet, Regensburg
Printed in Germany
ISBN 978-3-86612-166-9

www.pendo.de · www.pendo.ch

Für Barbara Butz

Ohne die ich niemals so weit gekommen wäre, die von Anfang an mit Begeisterung und vollem Einsatz mitgearbeitet hat, die pragmatisch und absolut zuverlässig ist, die sich von ihren Idealen niemals abbringen lässt, deren Loyalität keiner mit Geld kaufen kann und die mit ihrem unerschütterlichen Glauben, ihrem Mut und Verständnis eine unentbehrliche Stütze für dieses Projekt ist. Wer so eine Freundin hat, kann alles schaffen.

INHALT

Vorwort 8

1 *Initialzündung* – **WIE ALLES BEGANN** 10

2 *Wechselstrom* – **ES GEHT WEITER …** 27

3 *Stromschnellen* – **EINE NEUE LEBENSFORM** 41

4 *Miss 1000 Volt* – **DIE DRITTE PARTY** 55

5 *Sicherheitsstecker* – **UND JETZT?** 65

6 *Überlandleitung* – **TOURNEESTART IN LEIPZIG** 81

7 *Hochspannung* – **AUSFLUG IN DIE GESCHÄFTSWELT** 108

8 *Netzstrom* – **DIE HOMEPAGE** 113

9 *Stromausfall* – **SINNFRAGEN RELOADED** 118

10 *Elektrisiert* – **IN MÜNCHEN** 128

11 *Mit leeren Batterien* – **PARTY AM RHEIN** 141

12 *Stromkreis* – **IM SOMMERLOCH** 149

13 *Festbeleuchtung* – **DIE ANERKENNUNG** 158

14 *Durchströmt* – **VON DER WELTRETTUNG ZUR SELBSTRETTUNG** 166

SERVICETEIL 174

ÖKOSTROM-WECHSELPARTY IM TASCHENFORMAT 174

Wie organisiere ich selbst eine Ökostrom-Wechselparty? 174
Was ist Ökostrom? 175
Wie funktioniert der Wechsel zu Ökostrom? 179
Typische Fragen und Wechselsorgen 181
Die Ökostromanbieter 184
Wie viel kostet Ökostrom? 188
Der Preisrechner 190
Adressen 191
Literatur 195
Dank 196

VORWORT

Dies ist die Geschichte einer verrückten Idee, die ich in die Tat umgesetzt habe. Ein Ökokrimi mit Situationskomik, Herzblut und Tatendrang sozusagen. Kein Sachbuch über erneuerbare Energien also, sondern ein Hindernisparcours, den ich absolvieren musste, um mein Anliegen zu verwirklichen: Weltrettung sofort und hausgemacht.

Das Stichwort heißt Ökostrom. Eine Materie, von der ich vor anderthalb Jahren noch kaum etwas wusste und die ich mir in mühsamer Kleinarbeit erobert habe: mithilfe von Experten, durch unzählige Gespräche mit Wissenschaftlern, Umweltschützern und Stromanbietern. Darauf bin ich stolz. Und habe erkannt: Man muss nicht den Nobelpreis für Physik im Regal stehen haben, um zu verstehen, was grüner Strom ist, wie er erzeugt wird und wie man ihn bekommt.

Nachdem ich selbst zu sauberem Strom gewechselt hatte, wollte ich meine Erfahrungen und mein Wissen weitergeben. Deshalb veranstaltete ich Ökostrom-Wechselpartys – erst in meinem Wohnzimmer, dann in einem Lokal, schließlich in großen Hallen. Alle, die nicht dabei sein konnten, finden in diesem Buch Anregungen zum Wechsel – und wer weiß, vielleicht organisieren Sie ja irgendwann selbst eine Party? Dieses Buch soll motivieren, aktiv zu werden, Einfluss zu nehmen, sich einzusetzen, es will Lust machen auf Eigeninitiative und Zivilcourage.

Um es gleich klarzustellen: Ich bin keine Ökofundamentalistin. Ich gehörte auch keiner Partei und keiner Lobby an. Ich empfinde mich als wache Bürgerin, die nicht länger zusehen mag, wie antriebsschwach die Politik auf die bestürzenden Klimaveränderungen reagiert. Und mit meinem bunten Partywagen dringe ich in Bereiche vor, die die üblichen Informationen zum Umweltschutz oft nicht erreichen.

Jeder kann etwas tun, jeder kann etwas verändern. Ich staune manchmal selbst, wenn ich auf das Erreichte zurückblicke. Viele Menschen haben auf meine Initiative hin zu Ökostrom gewechselt und damit die Macht der großen Stromkonzerne einfach unterlaufen.

Dieses Buch ist aber auch ein Dankeschön: An alle jene, die mich tatkräftig, fantasievoll und ohne jede Gegenleistung unterstützt haben. Selbstlos und engagiert haben sie Einladungen verteilt, Plakate geklebt, Excel-Tabellen gebastelt, Bühnen gebaut, Geschirr transportiert, sogar eine Website entworfen – was für eine großartige Leistung! Leute, das war klasse!!

Dieses Buch habe ich nicht für ein Fachpublikum geschrieben, sondern für Menschen, die sich auch nur ein Fünkchen für Klimaschutz interessieren. Wer Lust auf mehr Details bekommt, findet im Anhang kompakt zusammengefasst die wichtigsten Informationen, Tipps und Adressen für den Wechsel zu Ökostrom. Brandaktuelle Informationen finden Sie auch auf der Homepage www.oekostrom-wechselparty.de. Wenn Sie Fragen zum Wechsel haben, wenden Sie sich bitte an die kostenfreie Ökostrom-Hotline: 0800-762 68 52.

Am Ende bleibt mir nur noch zu sagen: Viel Spaß mit diesem Buch, und: Ökostrom – tun Sie's einfach!

Ulla Gahn
Im Frühjahr 2008

1 *Initialzündung*
WIE ALLES BEGANN

»Guten Tag, mein Name ist Ulla Gahn, ich habe die Ökostrom-Wechselparty erfunden.«

»Äh, wie bitte?« Verwirrung am anderen Ende des Telefons: »Sie haben was ...?«

»Ich habe die Ökostrom-Wechselparty erfunden. Der nächste Termin ist am kommenden Sonntag. Ich wollte fragen, ob Sie das in Ihren Veranstaltungskalender aufnehmen könnten.«

»Was ist denn das – eine Stromwechselparty?«

»Eine Informationsveranstaltung für alle, die ihren Stromanbieter wechseln wollen.«

»Wie sind Sie denn darauf gekommen?«

»Na, in letzter Zeit wurde so viel über Klimaschutz geredet, da dachte ich: Jetzt ist es mal notwendig, Taten folgen zu lassen. Aus diesem Grund wechselte ich zu Ökostrom. Und als ich im Freundeskreis davon erzählte, meinten ganz viele: ›Ja, klar, Ökostrom, das hatte ich auch schon längst überlegt. Kannst du mir erklären, wie das funktioniert? Hast du Infos darüber?‹«

»Das heißt, Sie verkaufen Ökostrom?«

»Nein, ich mache das ehrenamtlich, ich verdiene dabei nichts. Der Eintritt zur Veranstaltung ist frei. Ich schicke Ihnen mal ein paar Unterlagen per E-Mail, ja? Und dann melde ich mich wieder, in Ordnung?«

Solche Telefonate habe ich wohl an die hundertmal geführt,

um die Ökostrom-Wechselpartys bekannt zu machen. Manchmal waren die Leute interessiert, manchmal abwimmelnd, dann wieder belustigt, unverständig, in Einzelfällen sogar unverschämt. Einmal wurde ich bezichtigt, »verkappten Umweltschutz« zu betreiben, ein anderes Mal mit Tupperware verkaufenden Hausfrauen verwechselt. Es konnte auch passieren, dass ich als Ökospinnerin abgetan wurde.

Die erste Bilanz war ernüchternd: Ich wurde mit der geballten Unwissenheit, was das Thema Ökostrom anging, konfrontiert, mit Unsicherheit und Lethargie.

Aber halt, ich greife vor, es fing ganz woanders an. In meiner Küche nämlich, mit Freunden, meinem Netzwerk und einer guten Tat.

Eines kalten Winterabends Anfang des Jahres 2007 saß ich in der Küche mit meiner Freundin Birgit. Sie hatte eine Frau mitgebracht, die ich bislang nur vom Hörensagen kannte. Aber wie das im modernen Lebensnetzwerk so ist: Man bringt jemanden mit – und schon ist ein neuer Kontakt geknüpft. Oft weiß man gar nicht, wohin der führt, man kann sich im Nachhinein nur wundern. Nachdem wir wunderbar gegessen und getrunken und uns auch noch musikalisch ziemlich verausgabt hatten, gingen uns allmählich die Liedtexte aus. Außerdem wurde das dreistimmige Gejuchze auch langsam zu laut für die fortgeschrittene Zeit, so kreiste das Gespräch schließlich um das Leben, die Zukunft, Männer und – Ökostrom.

Ja, Ökostrom. Der Grund: Birgits Freundin hatte gerade gewechselt, und mich interessierte, wie das funktionierte. Der Klimakollaps hatte mittlerweile beängstigende Ausmaße angenommen, deshalb wollte ich unbedingt mehr über ihren Entschluss hören. Und Atomenergie, das war erst recht ein rotes Tuch für mich. Mit wachsender Empörung hatte ich die Presseberichte im Sommer 2006 über den schweren Reaktorunfall im schwedischen Atomkraftwerk Forsmark verfolgt. Mir war mulmig geworden, als ich begriff, dass dort scheinbar Routinekontrollen aus »wirtschaftlichen Gründen« – platt gesagt, um noch mehr Geld zu scheffeln – vernachlässigt worden waren.

Als dann zu Beginn 2007 der Klimaschutzbericht der Vereinten Nationen mit aufrüttelnden Nachrichten wie »Temperaturerhöhung durch Klimawandel noch drastischer als erwartet« veröffentlicht wurde, beschlich mich eine extreme Sorge. Es sah ganz so aus, als wären die Umweltschäden mittlerweile so signifikant, dass sie nur noch in ihrem Ausmaß beeinflussbar waren. Schnelles Handeln, das war das Einzige, was noch helfen konnte. Als ich das las, dachte ich: Jetzt sind wir alle gefordert, jetzt muss dringend etwas passieren!

Doch – nichts dergleichen geschah. Das fand ich fast noch schockierender als die Hiobsbotschaften des Klimaschutzberichts.

Bislang ging ich immer davon aus, dass der gute deutsche Staatsbürger im Allgemeinen dem Urteil weltweit führender Wissenschaftler glaubt. Beginnt er nicht immer sofort, geschult durch den *Tatort*, mit der Suche nach einer Lösung? Diesmal schien dies leider nicht der Fall zu sein: Deutschland, die Nation der Denker und Erfinder, saß nur da und hörte sich das alles an. Krass.

Weder zog die Politik aus diesem Bericht Konsequenzen noch reagierte die Wirtschaft meinem Eindruck nach angemessen auf die beobachteten Tatsachen. Als sich keinerlei Aktivitäten abzeichneten, keimte ein nahezu revolutionärer Gedanke in mir auf: Ich begann ernsthaft darüber nachzusinnen, selbst etwas zu tun, irgendwie aktiv zu werden. Aber wie sollte das gehen?

Ich gehörte keiner Partei an, reich konnte ich mich auch nicht nennen, geschweige denn war ich in irgendeiner anderen Form einflussreich. Aber als dann Birgits Freundin von ihrem

Wechsel zu Ökostrom erzählte, machte es »klick« bei mir: Ja, das war eine Aktion, die ich selbst starten konnte! Ich wollte auch wechseln.

Natürlich war ich anfangs skeptisch, ging fast schon davon aus, dass ich über den Tisch gezogen werde oder beim falschen Anbieter lande. Man kennt das ja zum Beispiel vom Telefonanbieterwechsel – man weiß letztlich nie, mit wem man es zu tun hat. Vielleicht war Ökostrom nur ein ausgeklügeltes Produktangebot, das aber real gar nicht existierte? Strom konnte man nicht anfassen, und man schmeckt ja nicht, ob er aus sauberem Wasser oder schmutziger Braunkohle gemacht ist. Da konnte ja jeder kommen und sagen, er würde grüne Energie veräußern. Oder der neue Anbieter entpuppte sich möglicherweise als unzuverlässig, sodass ich nach einem Wechsel im Dunkeln sitzen würde?

Mit all diesen Fragen landete ich erst einmal bei dem örtlichen Stromanbieter, genauer gesagt in einem Callcenter, bei den zugegebenermaßen etwas überforderten Mitarbeitern, jedenfalls was die ökologische Dimension betraf. Die Antworten, die ich erhielt, waren eher nebulös, aus all dem Wirrwarr konnte ich nur den Schluss ziehen, dass man zwar auch grünen Strom habe, aber irgendwie wurde er mit dem anderen vermischt sein.

Hatte ich zuerst noch gedacht, ich könnte den guten Strom regional kaufen, genauso wie meine guten Kartoffeln oder Äpfel, musste ich nun einsehen, dass es nicht so einfach war. Ökostrom schien eine komplexe Materie zu sein. Man hatte hierbei eben nicht die Wahl zwischen dem einen oder dem anderen, also zwischen konventionell gespritzten Äpfeln im Supermarkt oder biologisch zertifizierten im Bioladen. Das eine wurde mit dem anderen vermengt. Wie das genau geschah, konnte mir auch keiner genau erklären. Auch hatte ich angenommen, dass die Stromanbieter ihre ganzen Kartoffeln und Äpfel, also den

Strom, selbst erzeugen würden, aber dem war nun nicht so. Ich erfuhr, dass man schon einen Teil produzieren würde, man hätte aber nicht die komplette Stromerzeugungskapazität, den Rest würde man extern dazukaufen. Mit anderen Worten: Der »Stromladen« hatte nur ein vollständiges Sortiment anzubieten, wenn er sich beim Großmarkt entsprechende Zusatzprodukte besorgte. Mein regionaler Energieerzeuger, war also, um den Gedankenkreis zu schließen, gar kein örtlich regionaler Energieerzeuger, sondern größtenteils Stromhändler.

Wenn ich das alles auch noch nicht richtig einordnen konnte, so war es doch irgendwie enttäuschend, was ich in Erfahrung brachte. Nee, ich wollte zu hundert Prozent sauberen Strom.

Doch wie sollte ich nun echten Ökostrom finden? Glücklicherweise stieß ich im Internet auf die Homepage www.atomausstieg-selber-machen.de, eine Stromwechselkampagne, koordiniert von der Deutschen Umwelthilfe. Unterstützer dieser Aktion sind WWF, Greenpeace und der Bund der Energieverbraucher. Die Experten auf dieser Website empfahlen vier Ökostromanbieter, die bundesweit arbeiten: EWS Schönau, Greenpeace Energy, LichtBlick und Naturstrom.

Ich wollte nun mehr wissen: Andere fliegen zum Surfen nach Hawaii, ich machte stattdessen eines Abends eine Kurve durch die Küche, stattete mich mit einer Runde selbstgemachter Kekse und einem Glas Milch aus und setzte mich an den Computer zu einer Internet-Surfsession.

Die Homepages dieser vier Ökostromanbieter waren mein erklärtes Abenteuerziel. Ich wollte sie mir anschauen, um dadurch ein Gefühl zu bekommen, wie die ticken. Neben meiner Knabberration hatte ich mir etwas zum Schreiben zurechtgelegt, weil ich – deutschgründlich – natürlich vergleichen wollte. Meine alte Stromrechnung hatte ich – Ordnungssinn sei Dank – auch gefunden.

Wer waren sie also, diese Ökostromanbieter? Als Erstes

schaute ich mir die Elektrizitätswerke Schönau an, die EWS. Als passionierte *Asterix*-Hefte-Leserin gefiel mir sofort die Geschichte dieses Unternehmens. Ganz Deutschland in der Hand des Stromkartells? Nein, denn ein kleines Dorf im Schwarzwald hatte es geschafft und sich sein Stromnetz selbst gekauft. Ein einzigartiges Unterfangen hierzulande. Kein Wunder, dass viele EWS Schönau deshalb mit dem Zusatz »die Stromrebellen« belegen. Die Homepage ist schlicht, aber informativ. Mir schien, dass da Überzeugungstäter am Werk sind. Und als ich dann etwas über den Anfang der Bürgerbewegung las, ihre Entwicklung über die Anti-Atomkraft-Bewegung in den Siebziger- und Achtzigerjahren, kam mir das ein wenig bekannt vor, Erinnerungen aus der Kindheit stiegen in mir hoch.

Auch der Strompreis schien mir erschwinglich zu sein, besonders für Wenigverbraucher, also Einpersonenhaushalte, war das Angebot interessant. Der feste Grundpreis war relativ niedrig, dafür der Verbrauchspreis höher. Stromverschwender bekamen hier keinen Mengenrabatt.

Als Nächstes surfte ich zu Greenpeace Energy in Hamburg, virtuell natürlich. Ich lernte, dass dieser Stromanbieter nicht direkt zu der Greenpeace-Umweltorganisation gehört, sondern eine eigenständige Genossenschaft sind. Ihre Geschichte: Greenpeace stellte eine Charta auf, in der festgehalten wurde, was man auf dem Gebiet Strom konkret für den Klimaschutz tun sollte und wie das zu bewerkstelligen sei. Und dann folgten dem aufgestellte Plan auch Taten: Eine Genossenschaft wurde gegründet, die seitdem Ökostrom produziert und vertreibt. Da wurde nicht lange gefackelt, überlegte ich. Das Imposante bei Greenpeace Energy schien mir die Transparenz zu sein. Auf der Homepage wurde ich bis ins kleinste Detail informiert, bis zu den Kraftwerken, die den grünen Strom erzeugen. Mir gefiel, dass sie genau das Gegenteil einer Verwirrtaktik anstreben, wie sie mir bei der Atom- und Kohlestromindustrie aufgefallen war.

Da ich auf meinem virtuellen Surfausflug schon in Hamburg war, fand ich dann auch bald LichtBlick – inzwischen waren die Kekse leider alle. Da wurde auf der Homepage geklotzt, nicht gekleckert, da waren Profis am Werk. LichtBlick war auch der Name, den ich am häufigsten zuvor gehört hatte – was mich dann auch nicht weiter wunderte, als ich feststellte, dass dieses Unternehmen der größte Ökostromanbieter in Deutschland ist. Eine richtige persönliche Story konnte ich nicht entdecken, aber ich fand es cool, dass sie einem klarmachten, wie man mit Ökostrom auch ein Stückchen Regenwald retten kann. Beim Weitergoogeln fand ich heraus, dass LichtBlick in der Branche als so etwas wie der »Ritter der Enterbten« gilt, da diese Firma einige Rechtsstreite mit der Atom- und Kohlestromindustrie durchgefochten hat, mehrfach las ich etwas über unerlaubte »Preisabsprachen« und »Durchleitungsgebühren« bei Letzteren. Das klang gut, das war ein Anbieter, der scheinbar genug Geld hatte, der Atom- und Kohleindustrie die Stirn zu bieten und Präzedenzfälle geschaffen hatte für einen gerechten Handel mit Strom.

Zum Abschluss landete ich bei der Naturstrom AG, deren Sitz in Düsseldorf ist. Die Wellen am Rhein sind für Surfer eher klein, passend dazu war Naturstrom der kleinste Ökostromanbieter in Deutschland. Ich schätzte sie sofort als »die Puristen« unter den Anbietern ein. Ähnlich wie schon bei Greenpeace Energy las ich immer wieder etwas von »Neuanlagen bauen«. Es hieß: Naturnutzen könne man nur erzielen, wenn man Atom- und Kohlestrom verdränge, also alte Kraftwerke durch Neuanlagen ersetze, die mit regenerativen Rohstoffen betrieben werden. Das leuchtete mir ein, sie machten auf mich einen sehr kompetenten und erfahrenen Eindruck. Die Naturstrom AG, so erfuhr ich auch, ist eine Aktiengesellschaft, wobei Hauptanteilseigner meist Player aus dem Bereich erneuerbare Energien sind.

Als Nächstes interessierte mich natürlich die Frage, ob bei einem Wechsel tatsächlich auf einmal grüner Strom aus meiner Steckdose kommen würde. Was ich nun herausfand, darüber musste ich lange nachdenken. Es machte zugleich aber einiges deutlicher, was ich im Vorfeld gehört hatte: Bei einem Wechsel würde sich nicht wirklich was ändern, denn die Elektronen, die aus meiner Steckdose kommen, bleiben die gleichen. Das in Deutschland beziehungsweise Europa vorhandene Stromnetz ist wie ein großer See (das Wasser ist der Strom), in den die Erzeuger sauberes, manche aber auch dreckiges Wasser einspeisen. Die Verbraucher werden dann je nach Nachfrage aus diesem See beliefert. Wenn man also sein Geld einer Firma gibt, die sauberen Strom in diesen Stromsee einspeist, sorgt man dafür, dass das gesamte Energieangebot am Ende sauberer wird. Und wenn dieser Ökostromanbieter damit auch noch Neuanlagen baut, die mit regenerativen Rohstoffen laufen, dann erreicht man den maximal möglichen Umweltnutzen. Das eigene Stromgeld sorgt dann dafür, dass nach und nach alte und schmutzige Kraftwerke abgeschaltet werden. Schon aus diesem Grund macht es Sinn, fuhr es mir durch den Kopf, zu Ökostrom wechseln.

Nachdem ich das alles recherchiert hatte, kam die finanzielle Seite dran. Erst einmal nahm ich mir meine Stromrechnung vor und versuchte, sämtliche Rubriken auf dieser aufzuschlüsseln. Stundenlang rechnete ich durch, was mich der Wechsel kosten würde, denn das war alles andere als unwichtig für mich. Ich war seit zehn Jahren als Tontechnikerin selbstständig, aber die Auftragslage war absolut trostlos, und leider war ich weit entfernt vom Status »finanziell ausgesorgt«.

Ich lebte in einer WG, zusammen mit einem Mitbewohner. Als ich alles durchgerechnet hatte, staunte ich nicht schlecht: Ein Wechsel machte in unserem Zweipersonenhaushalt nur ein, zwei Euro Unterschied im Monat aus. Ein, zwei Euro mehr? Das konnte ich auf jeden Fall bezahlen. Mein Entschluss stand fest: Ich wollte wechseln.

Also ließ ich mir den Antrag schicken, füllte ihn aus und schickte ihn ab. Der kam dann postwendend wieder zurück, weil noch einige Angaben fehlten. Aber ich ließ mich dadurch nicht entmutigen. Ich ziehe das jetzt durch, dachte ich, egal, wie kompliziert das ist. Allerdings musste ich bei meinem Altanbieter ziemlichen Druck machen, damit sich etwas tat, musste am Ende eine Frist setzen, zu der der Wechsel vollzogen sein sollte.

Schließlich war es so weit: Ich hatte Ökostrom! Natürlich war ich superstolz. Ich erzählte es sofort allen meinen Freunden und Bekannten. Sogar den Nachbarn, die ich auf der Treppe traf, verkündete ich die Neuigkeit.

Die Reaktionen waren durchweg positiv. Und nicht nur das, einige Freunde und Bekannte fragten spontan: »Kannst du uns nicht mal sagen, wie das geht?«

Es waren letztlich so viele, die ernsthaft wechseln wollten, dass mir bewusst wurde: Wenn ich jetzt jeden einzeln berate, dann bin ich zwei Wochen lang vollauf beschäftigt.

Ich überlegte kurz, dann entschloss ich mich, sie alle zusammen einzuladen. Ein Termin war schnell gefunden – ich wählte einen Sonntagnachmittag im Februar 2007 aus, den 11., telefonierte herum und sagte allen Bescheid, die Interesse gezeigt hatten: »Wenn ihr Lust habt, kommt am übernächsten Sonntag vorbei. Ich mache eine Naturstrom-Wechselparty! Ich weiß, das klingt schräg, aber ich erklär's euch dann!«

Jetzt ging es ans Organisieren. Während ich die Party vorbereitete, schoss mir eine Menge durch den Kopf. Wusste ich überhaupt genug über diese Materie Bescheid? Sicher, ich konnte erklären, wie die Anträge funktionierten, welche Anbieter es gab. Technisch aber konnte ich nicht wirklich erläutern, wie das vor sich geht. Ich war keine Spezialistin für erneuerbare

Energien, und das Naturschutz-Fachwissen, das andere Leute sich jahrelang angeeignet hatten, besaß ich ebenso wenig.

Wenn schon, denn schon, war schließlich meine Devise. Wenn ich schon eine Party veranstaltete, dann nur mit einem Fachmann, der alle Fragen beantworten konnte. Doch wo bekam ich so schnell einen Experten her? Ich tat das, was ich immer tue, wenn's mal hakt: Ich telefoniere über zwei, wenn's sein muss auch über drei oder vier Ecken, um vielleicht auf diese Weise mein Ziel zu erreichen.

Am Ende hatte ich die Telefonnummer eines Ökostromberaters aus Leipzig. Als ich ihn anrief, dachte er erst einmal, er sei im falschen Film gelandet: »Wie, am Sonntagnachmittag? Eine Party? Bei Ihnen zu Hause?«

Er war völlig perplex und klang so, als ob er in eine dieser Radiosendungen hineingeraten sei, die die Leute hochnehmen. Ich musste eine Menge erzählen, bis er meinen Anruf überhaupt ernst nahm. Dann aber lenkte er ein – und fand meine Idee interessant, auch wenn sie für ihn wohl immer noch befremdlich klang. Er sagte schließlich zu – und wollte sogar eine kleine Bildschirmpräsentation mitbringen, um zu erklären, was Ökostrom ist.

Das klang gut, trotzdem fühlte ich mich noch nicht ganz wohl dabei. Konnte ein gewöhnlicher Vertriebsmitarbeiter wirklich alle Fragen beantworten? Mit Sicherheit war der nicht automatisch eine technische Koryphäe. Das war eine echte Sollbruchstelle, fand ich. Und ich wollte ja mit Argumenten überzeugen, nicht nur aus dem Bauch heraus.

Leider hatte ich in dieser Hinsicht schon schlechte Erfahrungen gemacht. Wenn ich mit Freunden über die Vorteile des Fahrradfahrens diskutierte oder darüber, warum man besser mit der Bahn fährt oder Gemüse aus der eigenen Region auf den Tisch bringt, war ich oft gegen eine Wand von Vorurteilen gelaufen. Es war immer das Gleiche gewesen: Obwohl ich niemanden missionieren wollte, fühlten sich viele auf den Schlips getreten und liefen zu großer Form auf, um mir jede Menge Gegenargumente aufzutischen.

Dass das meist nur überholte Stammtischweisheiten waren, die mit etwas Zeitungshalbwissen aufgepeppt wurden, wusste ich zwar, hatte aber nichts in der Hand, um eloquent zu kontern, zumal ich oftmals typisch weiblich reagierte – eben emotional und nicht mit hieb- und stichfesten Argumenten. Besonders ärgerte es mich, wenn ich mich von einem Schlips-und-Kragen-Typen einschüchtern ließ, der ahnungslos, aber durchaus überzeugend auf mich einredete.

Diesmal sollte mir das nicht passieren. Diesmal wollte ich das letzte Wort haben – gestützt auf das Fachwissen anwesender Experten.

In diesem Moment erinnerte ich mich an ein Wortscharmützel mit einem Bekannten, mit dem ich auf einer Informationsveranstaltung über den Verkauf des regionalen Stromanbieters gewesen war. Danach hatten wir eine heftige Diskussion über Klimawandel, Atomenergie und Stromversorgung gehabt, bei der er mich – wie konnte es anders sein – in Grund und Boden redete.

Doch unabhängig davon hatte ich auf dieser Veranstaltung einen interessanten Sitznachbarn, einen Professor, der an der Hochschule für Technik, Wirtschaft und Kultur (HTWK) in Leipzig lehrte. Mein Bekannter erzählte mir, dass es dort eine Sektion für »Erneuerbare Energien« gäbe und dass dieser Professor früher im Stadtrat gewesen sei.

Keine Frage: Der Hochschullehrer war meine Traumbesetzung für die Party. Mein Bekannter wusste zum Glück noch den Namen zum Gesicht, und so griff ich zur Abwechslung nicht zum Telefon, sondern zum Fahrradschlüssel und sagte zu mir selbst: »Okay, dann wollen wir doch mal sehen, ob ich ihn finde!«

Ich setzte mich auf mein Fahrrad und fuhr zur HTWK. Die liegt – für Leipzig typisch – zwischen einem Plattenbau, dem hochsicherheitstraktmäßig abgesicherten amerikanischen Generalkonsulat und einer Galerie für zeitgenössische Kunst. Untergebracht ist sie in einem nicht besonders einladend wirkenden, klobigen Altbau mit vielen Fenstern und Türen. Ich war im ersten Augenblick komplett ratlos, es gab nicht einmal einen Pförtner, geschweige denn Hinweisschilder – in Sachen Navigation war dieser Ort des Wissens ein Fall für Insider.

Es blieb mir nichts anderes übrig, als mich durchzufragen. Das war lustig, denn in dieser technischen Abteilung der Hochschule rannten nur junge Männer herum, die mich irritiert musterten. Doch sie waren Gott sei Dank sehr hilfsbereit.

Nach einer halben Stunde stand ich schließlich vor der richtigen Tür. Ich klopfte, ging hinein und sagte: »Guten Tag, mein Name ist Ulla Gahn, ich habe Sie bei diesem Informationsvortrag kennengelernt!« Der Professor konnte sich glücklicherweise sofort an mich erinnern.

Nun sprudelte ich los und erzählte von meinem Vorhaben: dass ich gerade dabei war, eine Naturstrom-Wechselparty zu organisieren und ob er nicht Lust hätte, dabei als Fachmann Rede und Antwort zu stehen.

Ich musste fast selbst über mich lachen, wie ich da in dem Professorenzimmer stand und in diesen altehrwürdigen Hallen meine Gedanken vortrug. Na ja, dachte ich, wer nichts wagt, der nichts gewinnt. Der Professor hörte sich das Ganze an, musste dann aber schmunzeln, weil er meinen Partyeinfall ziemlich schräg fand. Doch die Idee gefiel ihm, das merkte ich. Dieser Mann hatte ein Gespür für soziale Aktionen und für das gemeinschaftliches Wohl. Und es war offenbar bei ihm angekommen, dass bei mir ein guter Wille dahinterstand.

Eine Weile blätterte er in seinem Kalender und murmelte vor sich hin, während es in seinem Kopf sichtbar arbeitete ob dieser nicht ganz alltäglichen Anfrage: »Einen Moment mal, lassen Sie uns mal sehen ... Ich selbst habe an diesem Tag wahrscheinlich keine Zeit, aber ich frage einen Kollegen, möglicherweise kann der.« Er versprach mir, sich darum zu kümmern, und ich gab ihm zum Abschied meine Kontaktdaten. Ein paar Tage später bekam ich eine E-Mail von ihm, in der er mir die Nummer eines Kollegen mitteilte.

Dieser zögerte zunächst, als ich ihm am Telefon von meiner Idee erzählte. »Ich weiß nicht, da kann ich nicht wirklich Auskunft geben, denn ich gehöre zum Fachbereich Elektrotechnik«, sagte er vorsichtig. »Ich bin nicht von der Sektion Erneuerbare Energien.« Er klang so, als fürchte er, dieser Aufgabe nicht gewachsen zu sein. Seltsam, dachte ich, das ist doch ein Superfachmann, wieso hat der solche Bedenken? Deshalb sagte ich fröhlich: »Machen Sie sich keine Gedanken, die Fragen, die da auftauchen werden, können Sie im Schlaf beantworten. Das sind alles Laien, kein Fachpublikum!«

Immer noch sehr skeptisch, fragte er, wie lange sein Vortrag dauern solle, ob er etwas vorbereiten müsse. Es schien, als würde ich vor eine Wand laufen. Sollte mein »Klimaschutz-Ding« etwa an den universitären Sortierungsfächern scheitern? Ich redete mit Engelszungen, bis ich ihn endlich davon überzeugen konnte, zu der Naturstrom-Wechselparty zu kommen. Geschafft!

Zu Hause setzte ich mich an den Computer und schrieb Einladungskarten, die ich an Nachbarn und alle möglichen Bekannten verteilte. Hübsch ausgeschnitten mit meiner Bastelzackenschere, jedes Stück ein Unikat. Darauf stand, dass jeder Eingeladene noch jemanden mitbringen kann. Ein bisschen verrückt war das schon, denn ich hatte ja keinen Ballsaal, sondern eine Dreizimmer-WG. Und dennoch: Dort fand dann tatsächlich am 11. Februar 2007 die erste Naturstrom-Wechselparty statt.

Mir war klar, dass der eigentliche Fachbegriff »Ökostrom« lautete, doch ich dachte, dass ich mit dem Wort zu viele Menschen abschrecken könnte, wollte ich doch eine möglichst offen gesinnte Gesellschaft zusammentrommeln, nicht nur die Vollkorn-Müsli-Fraktion. Vorurteilen wollte ich erst gar keine Chance geben. Noch die dritte Party trug den Titel »Naturstrom-Wechselparty«, dann aber war ich gezwungen, »meinem Kind« aus zwei Gründen eine Namensänderung zu verpassen. Erstens war in der Zwischenzeit »Ökostrom« vom Unwort zum Trendwort geworden, außerdem gab es zweitens zunehmend Verwechslungen, weil einer der Ökostromanbieter sich ja ebenfalls »Naturstrom« nannte, ich aber nicht für ihn arbeitete, sondern ehrenamtlich alle vier Anbieter vorstellte.

Ich hatte mir vorgenommen, Kaffee und Tee zu kochen und Kuchen zu backen, denn es sollte privat und gemütlich wirken. Ich wollte weder eine unpersönliche Veranstaltung noch die Aktivistennummer in der Fußgängerzone am Infostand. Mir schwebte eine entspannte Atmosphäre vor, in der man sich auch als völliger Laie traut, seine Zweifel zu äußern und wirklich jede Frage zu stellen. Irgendwann bekam ich in dieser ganzen Hektik dann doch heftige Zweifel: Wird überhaupt jemand erscheinen? Party hin oder her – wer wollte sich schon an einem Sonntagnachmittag mit diesem Thema beschäftigen? Ich war mir meiner Sache plötzlich nicht mehr so sicher. Vorsichtshalber verteilte ich noch einige zusätzliche Einladungen ...

Doch dann erhielt ich die ersten Zusagen: von Freunden, Nachbarn und Bekannten. Es wurden immer mehr, und allmählich dämmerte mir: Oha, jetzt muss ich einen weiteren Kuchen backen, mir Stühle, Tassen, Thermoskannen und einen Beamer besorgen.

Und dann ging es auch schon los. Es klingelte in einem fort, und nach kurzer Zeit waren rund vierzig Leute in meiner kleinen Wohnung! Viele brachten ihre Kinder mit. Also richteten wir ein Kinderzimmer ein, damit die Kleinen nebenan spielen konnten, während wir den offiziellen Teil absolvierten. Es war Improvisation pur. Die ganze Wohnung brummte. Nur mein Schlafzimmer hatte ich geblockt, weil ich dort alles hineingeräumt hatte, was im Weg stand.

Erst sprach ich ein paar einführende Worte, dann hielt der Ökostromberater einen kurzen Vortrag über die Möglichkeiten zu wechseln. Anschließend wurden sofort die ersten Fragen gestellt. Ohne meine Fachleute wäre ich aufgeschmissen gewesen, denn sie wurden nach allen möglichen technischen Details befragt. Es gab die verrücktesten Spezialprobleme, die geklärt werden mussten.

Zwei Angler wollten zum Beispiel wissen, ob Fische bei Wasserkraftwerken in den Flüssen noch wandern könnten; sie hatten Angst, dass sie sonst sterben würden. Gott sei Dank wusste der Herr von der Hochschule, dass im Umfeld eines jeden Wasserkraftwerks spezielle Treppen eingebaut sind, damit die Fische auch weiterhin flussaufwärts schwimmen können.

Der Professor war Gold wert, denn die Fachfragen hatten wahrlich ihre Tücken. Ein Gast fragte, wie viel Energieverlust es denn beim Hochtransformieren für die Hochspannungsleitungen gebe? Wir waren alle erstaunt, denn über solche Details hatte sich noch keiner in unserer Runde den Kopf zerbrochen. Außer natürlich der Hochschulprofessor, der das Problem genau erklären und damit verbundene Bedenken zerstreuen konnte. Zudem brachte er neue Aspekte in die Diskussion ein, sprach darüber, wie man Energie effizienter verwenden könnte, im Haushalt und in der Industrie.

Der Professor gehörte nicht zur üblichen grün-ökologischlinken Liga. Er war eigentlich eher konservativ. Doch mit seinem enormen Fachwissen gab er der Diskussion einen sehr professionellen und kompetenten Hintergrund. Er war einfach klasse.

Auch mein Hausmeister war da, ein älterer Herr, der die Wende und die anschließenden harten Zeiten in Leipzig erlebt hatte, als Drückerkolonnen für Versicherungen und Staubsauger ziemlich brutal die einzelnen Wohnungen abklapperten. Noch heute macht er nur das kleine Fenster an seiner Tür auf, bevor er sie wirklich öffnet.

Dieser Hausmeister war mit der Zeit so misstrauisch geworden, dass er auf keinen Fall einen Lastschrifteinzug unterschreiben wollte. Also mussten wir herausfinden, ob man bei den Ökostromanbietern auch mit Überweisungen zahlen konnte – tatsächlich gab es einen, der gegen Rechnung lieferte.

Ein anderer hatte einen Vertrag mit einer Kombination von Strom und Gas. Er wollte wissen, ob man nur den Strom wechseln und weiterhin das Gas beziehen könne. Auch das sei möglich, man müsse nur darauf achtgeben, dass der Gaspreis dann nicht steige, erläuterte der Ökostromberater. Mir rauchte der Kopf bei all diesen Spezialfragen, und ich war heilfroh, dass ich so versierte Leute an meiner Seite hatte.

Nach dem offiziellen Teil begann ein buntes Treiben in der Wohnung; die Leute unterhielten sich, tauschten sich aus und wandten sich weiter an die Experten. Und das Ergebnis: Von den fünfunddreißig Erwachsenen unterschrieben zehn sofort einen neuen Vertrag für Ökostrom.

Nach zweieinhalb Stunden war der Spuk vorbei, und zum ersten Mal an diesem Tag ließ ich mich auf einem Stuhl nieder. Abgekämpft, aber auch froh und zufrieden saß ich in meiner Küche und dachte: Wow, was war denn das jetzt?

Glücklich räumte ich alles auf und konnte bis tief in die Nacht hinein nicht fassen, dass mein lockerer Schuss aus der Hüfte ein solcher Bringer geworden war. Von einem Ohr zum anderen grinsend lag ich im Bett, und immer wieder tauchte ein einzelner Satz in meinen Gedanken auf: »Wie geil, dass so etwas möglich ist!«

Am nächsten Tag startete ich einen Telefonrundruf und bedankte mich bei allen Helfern – bei meiner Freundin für die Unterstützung beim Kuchenbacken, bei dem Bekannten für den Beamer, bei den Fachleuten für ihr Engagement. Per E-Mail erhielt ich noch einige Fotos vom Event, die ich in mein Album kleben wollte, zur Erinnerung an eine witzige, typische »Ulla-Aktion« – und damit sollte die Sache für mich abgehakt sein.

Meine ganze Wohnung war noch vollgestopft mit Informationsmaterial, das ich mir von den vier Ökostromanbietern hatte schicken lassen. Zusätzlich hatte ich Unterlagen von der Deutschen Umwelthilfe angefordert, diese Organisation koordinierte die Kampagne »Atomausstieg selber machen«, das wusste ich, seitdem ich deren Website aufgesucht hatte. Alles kam in eine große Kiste. Ich ahnte, dass immer noch Leute anrufen würden, die keine Zeit gefunden hatten, zur Party zu kommen, und nach Infos fragen würden. Und tatsächlich: Noch Tage, Wochen, sogar Monate nach diesem Sonntagnachmittag riefen mich Leute an, die wechseln wollten.

Dennoch: Das Thema Ökostrom war für mich nach der Party erledigt. Ich hatte sowieso andere Dinge im Kopf, beispielsweise einen neuen Job, auf den ich mich vorbereiten musste. Schon vor einer Weile hatte ich einen Auftrag für die Europatournee einer Bluesband angenommen, bei der ich als Tourmanagerin engagiert war.

Doch es kam ganz anders.

2 *Wechselstrom*
ES GEHT WEITER …

Während ich die Tour vorbereitete, fragten mich immer wieder Leute, wann denn die nächste Party stattfinden würde. Und ich dachte: Wie bitte? Welche Party denn? Habt ihr euch im Datum geirrt? Die war doch schon! Aber dann wurde mir immer klarer: Die Anrufer hatten von meiner Ökostrom-Wechselparty gehört und wollten unbedingt zu einer weiteren eingeladen werden.

Rückenwind bekam ich auch von völlig anderer Seite: Über die erste Party hatte ich den *Kreuzer*, das Stadtmagazin in Leipzig, informiert, das auch einen Online-Veranstaltungskalender herausgibt. Immerhin hatte das Magazin einen Praktikanten geschickt, der sich die Sache mal ansehen sollte und der auch tatsächlich bei der Party aufkreuzte. Es schien ihm gefallen zu haben, denn bald fragte er an, wann die nächste Party sei.

Warum gingen eigentlich alle davon aus, dass es überhaupt eine zweite Party geben würde? Da saß ich nun und dachte: Ach du liebe Güte, wie mache ich das denn jetzt? Plötzlich wurde mir bewusst, dass ich mit meinem kleinen Wohnzimmerprojekt etwas losgetreten hatte, das eine neue Dimensionen annahm. Ich überlegte: Okay, die Veranstaltung war doch sehr lustig. Und wenn die Nachfrage so riesig ist, dann mache ich einfach noch eine weitere Ökostromparty. Doch mir war auch klar, dass mein Wohnzimmer zu klein war für eine Sache, die anscheinend immer größere Kreise zog.

Wenn diese Aktion öffentlich werden soll, überlegte ich – und das wollte ich auf einmal, die Nachfragen hatten mich so motiviert –, dann muss die nächste Party auch in einem öffentlichen Raum veranstaltet werden. Ich sprach mit meinen Freunden und Bekannten über diese Vorstellung, beratschlagte mit ihnen, was ich tun sollte. Die Frage war vor allem, in welchem Stadtviertel von Leipzig eine Wechselparty veranstaltet werden konnte. Ganz wichtig war dabei, dass das Projekt im Grunde ein »Nachbarschafts-Ding« war, also hauptsächlich über Mundpropaganda laufen würde. Und zudem musste die Klientel stimmen.

Ich holte mir Rat bei Barbara, einer Freundin, die sich in der Leipziger Szene bestens auskennt. Barbara ist Pianistin und Klavierlehrerin, sie war immer schon sehr pfiffig mit Veranstaltungsideen, das hat uns von Anfang an verbunden. Als Musikerin wusste sie über die einschlägigen Locations Bescheid. Sofort brachte sie die Südvorstadt ins Gespräch, ein eher linkes, grünes Viertel, in das mein Konzept wunderbar hineinpasste. Aber auch meine eigene Umgebung, das Waldstraßenviertel, kam infrage.

Ich hatte nun zwei mögliche Veranstaltungsorte, also machte ich aus der Not eine Tugend und sagte mir: »Gut, dann organisiere ich eben zwei Partys.« Vor lauter Begeisterung über die ganzen Nachfragen vergaß ich leider nur, dass ich einen Job angenommen hatte. Ich hatte ein dickes Zeitproblem.

Einerseits freute ich mich auf die Arbeit, weil ich dringend das Geld brauchte. Andererseits wusste ich auch: Diese Tour würde eine ziemliche Herausforderung werden. Zieh dich warm an!, dachte ich. Es sollte durch ganz Europa gehen, von Frankreich bis hinauf nach Skandinavien. Aber ich wollte gerne beweisen, dass alles glatter läuft, wenn man eine gute Tourmanagerin dabeihat! Ich hatte richtig Lust, mich mal wieder beruflich ins Zeug zu legen. Die Ökostrompartys passten eigentlich überhaupt nicht in diesen Plan: Ich hatte mir in meinem jugendlichen Überschwang den Teller ein bisschen zu voll geladen.

Doch schließlich siegte ein Mix aus Idealismus und Pragmatismus, und ich überlegte, dass ich in diesem Fall eben meine gesamten Unterlagen mitnehmen müsste. Irgendwie würde es schon gehen, und wenn ich mein Ökostrompartybüro – langsam fing ich an, in diesen Dimensionen zu denken – durch ganz Europa mitschleppen musste.

Ende März ging ich schließlich auf Tour. Glücklicherweise war mein Freund Eike mit von der Partie, seelische Unterstützung war mir also sicher. Eike ist Busfahrer, aber er fährt nicht irgendwelche Busse, nein, er fährt die richtig dicken Dinger, Doppeldecker und so, rollende Hotels mit getönten Scheiben im extrem coolen Look. Seine Kunden sind größtenteils Rockbands auf Europatournee, ab und zu auch mal Leute von der Industrie für Messeauftritte. Im Fachjargon heißt das: »Ich mach hauptsächlich Rock 'n' Roll.« Wenn man auf Tour ist, lebt man in einer anderen Welt und Zeit, man arbeitet nachts, schläft tagsüber, ein normales Sozialleben ist da nicht so einfach, noch dazu, wo man auf engstem Raum zusammenwohnt, manchmal bis zu dreizehn Leute in einem Bus. Aus diesem Grund war ich superfroh, dass ich diesmal gemeinsam mit Eike arbeiten konnte.

Als passionierte Orga-Frau war ich vom ersten Tag an in meinem Element: Routenplanung, Zeitabstimmung, Telefonate mit den Konzertveranstaltern, Aufbau und Abbau – sowie entlaufene Musiker wieder einsammeln. Ich war die mehrsprachige und jederzeit bereite Informationszentrale für alle.

So eine Tour hat es echt in sich. Richtig gefordert wurde ich, als uns in der Nähe des Pariser Flughafen Orly mitten auf einer einspurigen Vorfahrt der Bus verreckte. Dort musste ich eine nächtliche Notevakuierung der Musiker und der technischen

Crew samt Krempel stemmen, während Eike versuchte, die Polizei und die Flughafenleute zu beruhigen. Zwischendurch hielt ich ihm noch die Taschenlampe, während er kopfüber im Motorblock hing und es mit einer Behelfsreparatur probierte. Hinterher, als alles gut überstanden war, konnten wir darüber lachen, dass wir fast den Flughafen Orly lahmgelegt hatten.

Während also gleichzeitig zwei neue Ökostrom-Wechselpartys in die heiße Vorbereitungsphase gingen, tourte ich kreuz und quer durch Europa, angewiesen auf ein ziemlich löcheriges und unglaublich teures Handynetz. Zum Glück hatte Barbara schon vor meiner Abreise angeboten, beim anstehenden Party-Doppelpack mitzuhelfen. Vieles konnte sie erledigen, aber die gesamte Organisation lief letztlich über mich. Regelmäßig rief ich in Leipzig an, um zu erfahren, wie der Stand der Dinge sei.

Ein großes Problem war, von unterwegs aus meine E-Mails zu checken. Ich hatte damals einen uralten Laptop, ohne drahtloses Netzwerk. So musste ich in den Internetcafés immer mit einem Kabel herumhantieren, um an meine Nachrichten zu kommen. Es war ungemein kompliziert.

Eines Tages, wir hielten gerade in Norwegen an einer Raststätte, klingelte meine Handy – es war ein Anruf vom MDR-*Sachsenspiegel*. Das Fernsehen interessierte sich für meine Ökostrom-Wechselpartys! Wie vom Blitz getroffen stand ich da: Hey, dachte ich, was kommt da auf mich zu?

In diesem Moment, irgendwo im Nirgendwo, ahnte ich, dass sich mein Leben ändern würde. Und zwar gewaltig! Nach ein paar weiteren tausend Kilometern im Tourbus, zwei Tagen Tiefschlaf in Leipzig, drei Maschinen Wäsche und einem Frühstück mit selbstgebackenem Brot war ich wieder am Start. Ich hatte mir viel vorgenommen, gleich zwei Partys. Na, dann aber los.

Party Nummer zwei sollte im »Horns Erben« stattfinden. Das ist in Leipzig ein legendärer Club, ganz hausgemacht. Vier Jungs haben sich eine stillgelegte alte Traditionsweinstube gemietet, in liebevoller Kleinstarbeit alles selbst renoviert und schließlich einen Loungeclub eröffnet. Ich kannte das Quartett über ein paar Ecken, einer von ihnen spielte mit Barbaras Mann in einer Band.

Als ich dort vor meiner Tour wegen meiner Stromwechselparty angerufen hatte, waren sie gleich begeistert gewesen, hatten sie doch schon von der Idee gehört. Sie boten mir ihren Club zu extrem günstigen Konditionen an: »Okay, du kannst am Sonntagnachmittag hier bei uns rein – das ist unsere Unterstützung für den Klimaschutz.« Das war natürlich der Hammer. Ein ganzer Club, und noch dazu so eine klasse Location!

Für die andere Party im Waldstraßenviertel hatte ich mit dem Bürgerverein gesprochen, der sich um die Belange der Anwohner kümmert. Auch die dort Engagierten fanden meinen Vorschlag gut und sagten mir einen kleinen Veranstaltungssaal zu, der sich jedoch eher als ein größeres Zimmer herausstellte. Na und? Es gab zwei öffentliche Räume – und ich war happy.

Jetzt hatte ich zwei Partytermine und jede Menge Arbeit – wo sollte ich bloß anfangen? Ich brauchte dringend weitere Hilfe, damit mir die Sache nicht über den Kopf wuchs. Zum Beispiel merkte ich, dass es nicht mehr ausreichte, irgendwelche Handzettel einfach so windig auf meinem heimischen Computer auszudrucken und mit einer Schere zu bearbeiten. Das Ganze musste nun Hand und Fuß haben, seriöser wirken, wenn ich schon in die Öffentlichkeit ging. Es sollte einfach sichtbar werden, dass ich keine hausbackenen Privataktionen im Sinn hatte, sondern eine richtige Veranstaltung. Good bye, Wohnzimmer, hallo, Rest der Stadt!

Aus diesem Grund verabredete ich mich mit meiner alten Freundin Tine, mit der ich schon einige Jobs im Medienbereich zusammen gemacht hatte, Broschüren, Seminare, Flyer. Ich fragte sie, ob sie nicht ein Plakat und einen Handzettel für meine Party gestalten könnte, richtig professionell, und mit grafischen Elementen. Sofort legte sie los, ich schrieb den Inhalt dazu, die Zeiten und die jeweiligen Orte. Dann machte ich mich auf in einen Copyshop und ließ auf grünem Papier meine Ökostrom-Wechselparty-Einladungen und die Flyer ausdrucken.

Als Nächstes kam die Basisarbeit dran – und jeder, der einmal Basisarbeit gemacht hat, der weiß, wovon ich spreche. Ich tingelte in Leipzig durch Läden, Cafés und Veranstaltungsorte: »Ja, guten Tag, mein Name ist Ulla Gahn, ich mache eine Ökostrom-Wechselparty. Ja, eine Ökostrom-Wechselparty!« Anschließend wurde das Plakat aufgerollt und gezeigt. »Könnte ich vielleicht dieses Plakat bei Ihnen aushängen, weil es ja um eine Informationsveranstaltung zum Klimaschutz geht?«

Überall, wo ich auftauchte, ging sofort die Ökoaktivistenschublade auf, und ich steckte in null Komma nichts drin. Einige sagten mitleidig: »Ja, ja, geben Sie her, ich werde es irgendwo anbringen«, doch als ich einen Tag später einen Kontrollrundgang absolvierte, sah ich, dass nichts dergleichen geschehen war. Es war echt harte Arbeit. Danach teilte ich Handzettel aus und gab auch allen meinen Freunden und Bekannten welche mit. Dabei riskierte ich schon den Sympathiebonus meiner Freunde: Allmählich fanden sie Ulla, die frischgebackene Klimaschutzaktivistin, wohl schon ein bisschen nervig.

Doch reichten die Plakate und Handzettel? Wenn ich mir schon die ganze Mühe machte, so überlegte ich, dann soll die Bude aber auch voll werden. Also rief ich bei allen mir bekannten Zeitungen an und fragte mich zu den Veranstaltungsredaktionen durch. Es war nicht immer leicht, den Leuten zu erklären, dass ich ihnen nichts verkaufen wollte, sondern eine ehrenamtliche Aktion gestartet hatte. Ich sagte: »In Sachen Klimaschutz ist genug geredet worden, ich habe keine Lust mehr, auf politische Lösungen zu warten. Deshalb habe ich mich für die Variante ›Weltverbesserung sofort und hausgemacht‹ entschieden.«

Beim *Kreuzer*, der Leipziger Veranstaltungsbibel, hatte ich jedenfalls Glück. Die Leute dort erinnerten sich daran, dass sie über die zweite Party im Magazin berichten wollten. Das kam mir gerade recht! Ich freute mich wie verrückt und gab alle Daten durch. Danach sagten sie, sie würden noch einen Fotografen schicken. Einen Fotografen? Das wurde ja immer unheimlicher. Ich war richtig verdattert. »Mmh, okay, ja«, nuschelte ich.

Einen Tag später klingelte der angekündigte Fotograf an meiner Tür. Ich führte ihn in die Küche – ich wusste ja nicht, was ich sonst mit ihm anfangen sollte. »Tja«, sagte er, »ich soll ein Porträtfoto von Ihnen machen, für den *Kreuzer*.« Also setzte ich mich auf einen Stuhl und lächelte ins Objektiv.

Im April war in dem Magazin tatsächlich auf Seite acht ein Artikel mit Bild von mir, die Überschrift lautete: »Weltverbesserung sofort – nicht jammern – machen: Die Leipzigerin Ulla Gahn veranstaltet Naturstrom-Wechselparty.« Ich wusste zwar, dass der Beitrag erscheinen würde, aber ich rotierte so sehr – die Partys mussten weiter organisiert werden –, dass ich den *Kreuzer* erst zwei Tage nach Erscheinen kaufte.

Als ich den Zeitungsladen in meinem Stadtviertel betrat, empfingen mich die Besitzer mit den Worten: »Sie sind das! Wir haben Sie im Stadtmagazin gesehen!« Bis zu diesem Zeitpunkt hatte ich mir wieder reichlich Sorgen gemacht, ob überhaupt jemand zu den Partys erscheinen würde, jetzt aber atmete ich auf. »Wird schon werden, wird schon werden«, redete ich mir gut zu.

Schräg war die Erfahrung mit dem *Leipziger Amtsblatt*, in dem es auch einen Veranstaltungskalender gibt. Ich rief dort an und fragte, ob sie meine Partytermine ankündigen könnten. Die Frau, die ich am Telefon hatte, fragte: »Ist das eine städtische Veranstaltung?« Ich überlegte kurz, dann sagte ich: »Ja, klar, ich bin aus Leipzig.« Falsche Antwort. Leicht genervt hakte sie nach: »Also, ist das amtlich oder privat initiiert?« – »Nee, privat«, erwiderte ich, »aber im Sinne des bürgerschaftlichen Engagements, verstehen Sie? Wir sind das Volk!«

Stille am anderen Ende der Leitung. Dann die Abfuhr: »Wenn es so ist, können wir das leider nicht ins *Amtsblatt* aufnehmen, da können nur städtische Veranstaltungen rein. Wir sind ein städtisches Publikationsorgan.« Ich dachte schon, die Frau veralbert mich, also legte ich nach: »Hören Sie, ich bin Bürgerin dieser Stadt, ich setze mich ein!« Aber das interessierte sie nicht die Bohne. Auch gut, dachte ich, dann muss ich es eben ohne dieses Blatt schaffen.

Lange konnte ich mich sowieso nicht darüber ärgern, denn es gab noch eine Menge zu tun. Ich trommelte meine Helfer zusammen und fragte, ob mir jemand beim Kuchenbacken helfen könnte, auch beim Transport des Kuchens. Außerdem brauchte ich ein Auto: Die Unterlagen waren so schwer, dass ich sie nicht auf dem Fahrrad transportieren konnte.

Und mein Expertenteam? Ich rief den Ökostromberater wieder an, ob es ihm möglich sei, weitere Vorträge zu halten. Zum Glück sagte er zu. Der Hochschulprofessor war verhindert, also musste ich einen anderen Fachmann ausfindig machen. Mein Telefon glühte mittlerweile.

Ich hatte mir auch in den Kopf gesetzt, diesmal sämtliche Leipziger Aktivistengruppen wie den Bund Naturschutz, Greenpeace und Solar City einzuladen. Sie sollten unbedingt bei meinem Projekt dabei sein – ich trieb einen weiteren Wahnsinnsaufwand mit Anrufen und E-Mails. Aber noch war alles Spaß, eine Veranstaltung genau nach meinem Geschmack.

Ich ging davon aus, dass sie mir die Tür einrennen würden, doch die Rücklaufquote war verblüffend gering bis gar nicht existent. Nur die Greenpeace-Gruppe Leipzig versprach mir einen zusätzlichen Experten. Das war's. Komisch, dachte ich, dass meine Aktion diese Profi-Naturschützer so kalt lässt. Und das, obwohl das Thema Klimaschutz dermaßen brisant ist.

Allmählich nahmen die Partys Gestalt an. Alles fügte sich zusammen. Die Leute vom Club »Horns Erben« boten mir sogar an, eine Internetleitung zu legen: »Ist alles kein Problem!«

Das Wochenende rückte näher und näher – und damit Stromwechselparty Nummer zwei. Meine Aufregung wuchs. Im März und auch noch Anfang April 2007 war das Wetter unglaublich schlecht gewesen, kalt und regnerisch. Aber nun wurde es auf einmal sonnig und megawarm. An diesem verflixten Party-Sonntag am 15. April 2007 sogar so warm, dass die Menschen zum Baden an den See fuhren. Ohne wahrscheinlich daran zu denken, wieso es um diese Jahreszeit badewarm war und ob dies vielleicht mit dem Klimawandel zu tun hätte. Mir rutschte das Herz in die Hose. Das konnte nur ein totaler Reinfall werden. Wer würde sich ausgerechnet auf meine Party verirren, die drinnen stattfinden sollte, wenn man draußen schwimmen konnte?

Mit einem reichlich flauen Gefühl im Magen machte ich weiter. Das nächste Problem wartete schon auf mich: Ich hatte den Club nur unter der Voraussetzung bekommen, dass ich für eine Putzfrau sorgte. Leider ist mein Lebensstil nicht so luxuriös, dass ich in meinem Telefonbuch unglaublich viele Nummern von Putzfrauen habe. Um genau zu sein: Ich habe mir in meinem ganzen Leben noch keine leisten können.

Also musste ich wieder telefonieren. Glücklicherweise gab es ein paar reichere Freunde, die mir weiterhelfen konnten. Ich ließ mir jemanden empfehlen, rief die Frau an und fragte, ob sie denn ausnahmsweise auch mal einen Club reinigen würde. Sie sagte zu.

Ich holte mir den Schlüssel zum Club, damit sie am Tag vorher alles sauber machen konnte. Bezahlen musste ich sie aus eigener Tasche, aber immerhin hatte ich den Saal zu sehr günstigen Konditionen erhalten. In drei Stunden hatte sie alles geschrubbt. Daneben gab es noch einen zweiten Haken: Ich musste auch die Bardame bezahlen – jemand musste schließlich hinter der Theke stehen. In Leipzig ist das Gott sei Dank nicht so teuer, es kostete fünf Euro die Stunde.

Dennoch kam einiges zusammen: die Putzfrau, die Tresenfrau, der Copyshop, der Kuchen – außerdem hatte ich eine horrende Telefonrechnung.

Im Nachhinein kann ich sagen: Irgendwie hatte es mich auch gejuckt. Die erste Party war so gut gelaufen, es hatte so viele Nachfragen gegeben, nun war ich neugierig, wie es weitergehen würde. Natürlich hatte ich zwischendurch immer wieder leichte Verzweiflungsanfälle, aber es waren eigentlich nur kleine Hürden, die schnell mit ein bisschen Mut und Spucke zu meistern waren – selbst als mir nach Uni-Experten-Absage, Putzfrauensuche und Wetterumschwung plötzlich siedend heiß einfiel, dass wir keinen Kaffee hatten. Es sollte schließlich eine Nachmittagsveranstaltung sein, und an der Theke des Clubs gab es natürlich nur Bier, Wein, Limo und Wasser. Aber Kuchen ohne Kaffee? Himmel, dachte ich, wo kriege ich denn jetzt noch Kaffee und Tassen her?

Meine eigenen zwanzig Kaffeetassen reichten hinten und vorne nicht, und ich hatte auch keine Riesenkannen, in denen ich Kaffee mitnehmen konnte. Also startete ich erneut einen Bettelanruf. Durch meine Jobs als Tontechnikerin hatte ich oft bei Events mitgearbeitet, deshalb kannte ich einen Catering-Service in Leipzig. Ich erklärte: »Wir machen eine Ökostrom-Wechselparty, und Sie haben doch diese großen Kaffeekannen. Könnte ich vielleicht zwei davon ausleihen? Sie wissen doch, diese Drückerkannen, genau – und vielleicht haben Sie auch einige Tassen? Wir würden sie abholen und auch wieder zurückbringen.«

Endlos verhandelte ich mit einer Mitarbeiterin, dann faxte sie mir ein Angebot, das meine Finanzen bei Weitem überstieg. Sofort griff ich zum Hörer und wählte die Frau an: »Wir retten die Welt, und wir haben kein Geld ... Könnten wir die Sachen nicht vielleicht so ...?« – »Nein«, sagte sie, »der Chef ist nicht da, das kann ich nicht entscheiden.« Egal. Mit dem Mut der Verzweifelten lieh ich mir die Kannen und Tassen aus. Falls ich am Ende dafür eine Gebühr zahlen musste, dann sollte es so sein.

Am Sonntag halfen mir drei Leute beim Aufbau. Wir richteten alles schön her, mit Tassen, Kaffee und Kuchen. Immer wieder schaute ich zur Tür hinaus, sah, wie draußen die Sonne vom Himmel brannte. Das wird überhaupt nichts heute, dachte ich, wir müssen den ganzen Kuchen alleine essen, die Veranstaltung wird wegen der brüllenden Sonne ausfallen.

Drinnen sah es mehr nach Gruft denn nach Beachparty aus. Der Club ist eigentlich eine Disco. Deshalb waren alle Fenster schallgeschützt, verrammelt und vernagelt, davor hingen riesige schwarze Vorhänge. Draußen war es an diesem Sonntagnachmittag etwa 28 Grad Celsius, wir aber rackerten uns in einem finsteren Saal ab. Ich hatte zwar alle Lichter eingeschaltet, die es gab, aber trotzdem war es immer noch ganz schön schummerig.

Ich traute kaum meinen Augen, als um zehn vor drei die ersten Gäste auftauchten. Es waren hauptsächlich Familien aus dem Viertel, Leute mit Kindern, aber auch ein paar Ältere – ein bisschen verloren tapsten sie in das halbdunkle Lokal und wussten offensichtlich nicht so richtig, was da eigentlich auf sie zukommen würde. Sie waren zunächst etwas schüchtern.

Es wurden immer mehr Menschen, sie strömten geradezu in den Club, und was wirklich irre war: Ich kannte sie alle nicht, nie im Leben hatte ich sie gesehen. Weil es keine Freunde und Bekannte waren, bedeutete das, dass meine Idee tatsächlich öffentlich geworden und aus dem privaten Küchenkreis hinausgewachsen war. Und zwar so schnell – das war schon beeindruckend. Immer wieder hörte ich: »Es läuft hier doch eine

Stromwechselparty? Wir haben das im *Kreuzer* gelesen.« Die Stimmung stieg von Minute zu Minute.

Meine Riesensorge, ob auch jemand erscheinen würde, schlug plötzlich um in einen kleinen Organisationsrausch. Auf einmal hatte ich alle Hände voll zu tun: Leute begrüßen, Fragen beantworten, am Infotisch mit den ausgelegten Flyern der verschiedenen Anbieter und an der Theke vorbeischauen, Kaffee nachfüllen. Ich hatte kaum Zeit, Luft zu holen. An die Wände des Clubs hatten wir Zeitungsartikel geklebt, die ich in den Wochen zuvor gesammelt hatte. Ständig wurde ich zu diesen Berichten über Stromthemen angesprochen. Außerdem hatten wir meinen persönlichen Laptop aufgestellt, auf dem wir mittels einer extra eingerichteten Excel-Tabelle einen Strompreisrechner präsentierten. Mit diesem Programm konnte sich jeder Partybesucher an Ort und Stelle ausrechnen lassen, was ihn ein Wechsel kostete.

Alles klappte wunderbar. Die Leute überrannten uns geradezu, etwa fünfzig waren da, die sich vor dem Infotisch drängelten und vor dem Computer Schlange standen. Meine Helfer hatte ich gut eingetaktet, alles lief rund.

Eine Weile waren alle vollauf beschäftigt, dann wurde der Ruf laut, ich solle doch etwas sagen. Ich wusste, wie wichtig eine persönliche Ansprache ist. Vorsichtshalber hatte ich die Jungs von »Horns Erben« gebeten, mir ein Mikro hinzulegen. Also ging ich auf die Bühne, nahm das Mikro in die Hand und begrüßte alle offiziell. Ich erklärte das Prinzip der Party, wo man sich die Infos holen konnte und wie die Sache mit dem Preisrechner funktionierte. Außerdem stellte ich die Experten vor: Bernhard Schwandt, einen freien Energieberater, weiterhin einen Vertreter der Ökostromanbieter und eben jenen Experten der Greenpeace-Ortsgruppe Leipzig, der viele Fragen zum Thema Ökologie beantworten konnte.

Es war eine unglaublich schöne Atmosphäre. Die Leute wanderten entspannt herum, nahmen sich eine Tasse Kaffee und ein Stück vom Kuchen, der diesmal besonders lecker war: Schoko-Kirsch und Rhabarber-Walnuss, meine Lieblingsrezepte.

Während sich alle unterhielten, sprach mich eine Journalistin an. Es stellte sich heraus, dass es jene Frau war, die für den MDR einen Beitrag machen wollte. Sie hatte vor, O-Töne zu sammeln, interviewte erst mich, dann die Gäste. Ich stand nur noch da und dachte: Wie toll!

Am Eingang saß mein treuester Helfer, der eine der wichtigsten Aufgaben des Tages erledigte: Er führte eine Gästeliste. Das hatte einen ernsten Hintergrund. Kurz vor der Party hatte mich ein mulmiges Gefühl überfallen: Ich trug die Verantwortung für alles – und zwar als Privatperson. Es war mein Name, der auf den Einladungen, auf den Plakaten und auf den Handzetteln stand, und das war schon eine eigenartige Erfahrung. Immer wieder ging mir durch den Kopf, dass dieser Name auch im Telefonbuch steht. Konnte das Ärger geben? Was, wenn die Zettel in falsche Hände gerieten? Was, wenn mich irgendjemand verklagte, weil ich vielleicht aus Versehen eine Zahl nicht richtig angegeben hatte?

Deshalb hatte ich beschlossen, einen kleinen Notnagel einzubauen, indem ich auf einer Gästeliste bestand. Darüber hatte ich groß und deutlich geschrieben: »Dies ist eine private Veranstaltung, alle Angaben sind ohne Gewähr!« Im Nachhinein hat sich das als eine gute Idee herausgestellt – auf diese Weise wussten wir zumindest, wie viele Leute anwesend waren.

Wie auf der ersten Party wurde ich mit Fragen nur so zugeschüttet. Manchmal stand ich wie betäubt da und dachte: Das soll ich auch alles wissen? Irgendwie war ich schon ein bisschen verwundert über die Servicementalität der Menschen. Immerhin hatte ich alles organisiert ... Zum Glück konnte ich bei komplizierten Fachfragen über den Strommarkt und energiepolitische Dinge sofort an die Experten verweisen.

Am einfachsten waren folgende Fragen: Wie mache ich das mit dem Wechsel? Einfach Antrag ausfüllen und abschicken. Kommt dann wirklich grüner Strom bei mir an? Indirekt ja. Damit es der Umwelt nützt, ist es wichtig, zu einem echten Ökostromanbieter zu wechseln und nicht bloß einen Ökostromtarif zu nehmen. Haut mir jemand den Zähler aus der Wand? Nein, es gibt keine Baustelle in der Wohnung. Habe ich wirklich durchgehend Strom oder gibt es eine Lücke, bis umgeschaltet wird? Auf jeden Fall ist die Stromzufuhr gesichert. Mittlerweile konnte ich die Fragen im Schlaf beantworten.

Im Laufe des Nachmittags merkte ich, dass ich mich in die Sache hineingesteigert hatte. Andere hätten vielleicht Kuchen beim Bäcker geholt und auf der Party verkauft, mir aber war gerade wichtig gewesen, selbst gebackenen Kuchen anzubieten. Die Leute sollten sich wohlfühlen, nur dann hat man genug Vertrauen, um sich mit einer ungewöhnlichen Idee auseinanderzusetzen. Also hatte ich alles gegeben.

3 *Stromschnellen* EINE NEUE LEBENSFORM

Ich wurde einmal gefragt, ob meine Idee der Ökostrom-Wechselpartys etwas typisch Weibliches sei. »Ja«, antwortete ich, »irgendwie schon.«

Ein Mann hätte es vermutlich ganz anders aufgezogen, auf jeden Fall cooler: Er hätte vielleicht ein Wechsel-Büro aufgemacht und gesagt: »Geben Sie mir zehn Euro, dann gebe ich Ihnen alle Informationen zum Stromwechsel.«

Mein Stil ist das jedoch nicht. Ich wollte eine Plattform herstellen, Netzwerke schaffen, mit Leuten reden, Informationen weitergeben, statt mein Wissen für mich zu behalten. Das ist nicht wirklich männlich, das ist schon eher eine weibliche Strategie.

Sicher, das Pflegen und Umsorgen, also auch der pflegliche Umgang mit der Erde, könnte als eine weibliche Sache eingeordnet werden. Ich will da aber gar nicht so genau unterscheiden. Ich denke, dass alle – egal ob Mann oder Frau – zu gleichen Teilen verantwortlich sind, unsere Umwelt zu erhalten. Dass in mir ein bisschen Feminismus hochkocht, wenn Frauen mit Kind und Kegel und Einkäufen am Fahrrad über die Straße gehen und ein Krawattenträger im rohstoffverschlingenden Geländewagen vorbeirauscht, das passiert schon mal, ändert aber nichts an meiner Grundeinstellung.

Dennoch: Wir befinden uns in einer Zeit des Umbruchs, wo sich zunehmend Frauen ihrer Gestaltungsmacht innerhalb der

Gesellschaft bewusst werden. Immer öfter heben Frauen alte Regeln einfach aus den Angeln. Und für diese Macht stehe ich mit meiner unerschrockenen Aktion: Hausfrau gegen Stromkartell.

Was Männer meist übersehen, ist, dass man schon mit der kleinsten Veränderung den Beginn einer neuen Entwicklung einleiten kann. Und diese scheinbar kleinen Dinge mit großer Wirkung sind kraftvoll modernes Frauenhandwerk.

Das erklärt vielleicht auch ein wenig, wie man gestrickt sein muss, um so etwas wie diese Form von Zivilcourage zu zeigen. Eigentlich war es schon immer meine Überzeugung gewesen, dass ich mehr tun sollte, als einfach nur so draufloszuleben. Mein ganzes Leben zuvor war ich immer diejenige gewesen, die die Partys organisierte und wichtige Themen ansprach. Wenn ich mich mit Freunden, Bekannten oder Nachbarn unterhielt, dann war ich oftmals die Erste, die Probleme benannte und sagte: »Das können wir uns nicht gefallen lassen, da müssen wir mal was unternehmen.« Damit war ich eine Initiatorin.

Ich wollte mit offenen Augen durch die Welt gehen, ganz genau hinschauen, allgemein und in meinem unmittelbaren Umfeld. Wenn ich sah, dass etwas im Argen lag, dann war ich schnell dabei zu protestieren und etwas dagegen zu tun.

Und noch etwas anderes kommt dazu: Ich bin eine überzeugte Netzwerkerin. Netzwerk, das klingt so technisch und berechnend, aber gemeint ist damit im Grunde eine neue Lebensform. In meinem persönlichen Netzwerk geht es um Werte, um Beziehungen, um Taten – nicht um Geld. Auch Visionen, Gefühle und Intuition spielen eine große Rolle.

Man fühlt sich als große Gemeinschaft, in der man sich gegenseitig hilft, sich unterstützt, sich füreinander interessiert – und das alles nicht mit dem Überbau einer festen Struktur, sondern völlig frei, als »freie Radikale« sozusagen, verbunden durch moderne Kommunikation wie Telefon und E-Mail.

Was das Ganze so speziell macht: Die Qualität der Kontakte zählt, nicht die Quantität. Es kann vorkommen, dass ich jemanden ein ganzes Jahr nicht spreche, und wenn ich ihn dann anrufe und um einen Gefallen bitte, dann erfüllt er ihn, wenn irgend möglich. Dazu gehört auch das Motto: »Meine Freunde sind deine Freunde.« Wenn jemand, mit dem ich befreundet bin, Besuch hat und seine Gästebetten nicht reichen, ist es für mich selbstverständlich, die Freunde meiner Freunde bei mir übernachten zu lassen.

Ganz wichtig ist es mir, Leute zusammenzubringen. Ich will mich nicht damit abfinden, dass jeder in seiner Bude hockt und nichts vom anderen wissen will. Ich glaube, das ist eine der Grundursachen für viele Übel in unserer heutigen Zeit. Der Individualismus ist zu extrem geworden, kann in Eigenbrötlerei und Einsamkeit umschlagen.

Mit Netzwerken bin ich aufgewachsen. Schon meine Eltern waren sehr engagiert, was den gesellschaftlichen Zusammenhalt betraf. Heute stelle ich fest, dass ich selbst ein Netzwerk aufgebaut habe. Nur dieser Netzwerk-Gedanke hat das Ökostromprojekt möglich gemacht. Um es ganz deutlich zu sagen: Die Stromwechselpartys gibt es nur, weil ich Freunde habe, die mich unterstützten, von Anfang an.

Ich erinnere mich noch genau, wie ich kurz vor der ersten Party mit meinen Freundinnen Barbara und Suse in der Küche saß und ihnen von meiner Idee erzählte. Suse kenne ich schon seit Kindertagen. Sie stammt aus dem gleichen Dorf in Bayern wie ich, aber sie war auf einer musischen Schule, ich in der normalen. Erst als sie nach Leipzig zog – sie hatte dort eine Stelle als Orchestermusikerin bekommen – und wir uns nach all den Jahren wiedertrafen, wurde unser Kontakt sehr eng.

Ich wollte von den beiden hören, was sie von meiner Idee hielten, ob das vielleicht ein doofer Gedanke sei. Die beiden sagten spontan: »Nee, das ist gut, mach!«

Ohne dieses »Ja, mach!« hätte ich das Ganze vermutlich nicht einfach angezettelt. Dieser Rückhalt war extrem wichtig – und dann im weiteren Verlauf unverzichtbar. Ohne Freunde, Bekannte und Nachbarn, die mitgeholfen haben, wäre gar nichts geschehen.

Und schließlich spielt eine entscheidende Rolle, dass ich großen Wert auf Kommunikation lege. Für mich gilt: Man muss sich die Zeit nehmen, um entscheidende Dinge anzusprechen. Wenn ich mich nicht mit anderen über Ökostrom unterhalten hätte, wäre mein Einfall gar nicht erst entstanden. Es ist ungeheuer wichtig, dass man bei allem Stress und aller Komplexität, die das Leben heutzutage mit sich bringt, trotzdem die Bereitschaft zeigt, sich auszutauschen. Wir können es uns nicht leisten, uns in unseren Wohnungen zu verbarrikadieren und abzuschotten. Dafür sind unsere Probleme zu vielfältig und müssen zu dringend gelöst werden.

Im Laufe meiner Wechselparty-Geschichte kam es immer wieder vor, dass ich in Not war und beim Bäcker, im Haus oder bei Freunden davon erzählte. Und oft war es so, dass zufällig die Person, mit der ich gerade sprach, eine Lösung wusste.

Ein gutes Beispiel fiel in die Zeit der Vorbereitung zur zweiten Party, bei der mir ja mein genialer Hochschulprofessor abgesprungen war. Ich dachte nur: »O je, wie willst du das denn jetzt stemmen?« Völlig bedröppelt kam ich nach dieser Nachricht zu Hause an. Genau in diesem Moment ging bei meiner Nachbarin im Erdgeschoss die Tür auf, und sie fragte, wie man halt so fragt: »Hallo, wie geht's?« – »Schrecklich«, seufzte ich, »einer meiner Experten kann bei der Party nicht mitmachen, und jetzt weiß ich nicht, was ich tun soll, der Termin steht doch schon.«

»Was brauchst du denn für einen Experten?«, wollte sie wissen. »Na, einen, der sich mit Technik und Energie auskennt.« Meine Nachbarin überlegte kurz, dann sagte sie: »Warte mal, der Mann meiner Freundin kommt vielleicht dafür infrage, ich rufe dort mal an.«

Schon etwas optimistischer ging ich hoch in meine Wohnung, und kurz darauf klingelte meine Nachbarin: »Hier ist die Nummer von Bernhard Schwandt, jener besagte Mann meiner Freundin. Er ist freier Energieberater, melde dich doch mal bei ihm.«

Sofort wählte ich seine Nummer. Inzwischen ist er ein legendäres Vereinsmitglied und voll bei uns eingestiegen, eine unserer Säulen, was das Fachwissen betrifft. Er ist Wirtschaftsingenieur, der viele Jahre in der Energiebranche gearbeitet und sich dann selbstständig gemacht hat – also ein exzellenter Kenner der Branche. Gefunden jedoch habe ich ihn nur, weil ich auf dem Hausflur mit meiner Nachbarin sprach.

Das Neue und Einzigartige an meinem Konzept ist: Es wird nicht lang herumgeredet, Taten stehen im Mittelpunkt. Was mich von anderen Organisationen und Aktivistengruppen unterscheidet, ist etwas sehr Grundsätzliches: meine Überzeugung, dass jeder sofort etwas machen kann. Auf der Stelle. Taten sind wichtiger als Worte – und auf meiner Ökostrom-Wechselparty kann jeder unmittelbar handeln.

Ich wusste von vornherein, dass ich keine Kampagnen machen oder Parteistände bedienen wollte. Das habe ich zuhauf kennengelernt, und ich fand immer: Das ist nur Gerede. Da passiert nichts.

Ich wollte ein Forum schaffen, wo man wirklich Antworten auf seine Fragen erhält – auf genau jene Fragen, die ich auch hatte. Denn das größte Problem beim Ökostrom ist die Verwirrtaktik der Altanbieter, die selbst für Interessierte und Experten schwer zu durchschauen ist. Diese Strategien transparent zu machen, ist mein größtes Anliegen.

Ich habe mich oft geärgert, mit welcher Dreistigkeit manche Leute behaupten, man könne dem »einfachen Volk« keine Fakten zumuten. Dabei kommt es nur darauf an, diese verständlich zu erklären. Genau das mache ich, und zwar mit Erfolg. Mein Projekt lebt davon, dass alles mit meiner eigenen Erfahrung zu tun hat, weil ich selbst gewechselt habe. Ich vermittele keine Theorien, keine Ideologien, keine Thesen: Ich vermittele die Praxis.

Aufgefallen ist mir das durch all die Gespräche mit Naturschutzverbänden und Parteien. Die Leute in diesen Organisationen verfügen zwar über ein riesiges Fachwissen, können aber nicht mehr direkt mit den Menschen kommunizieren, weil sie zu viele Fachwörter verwenden, sodass man am Ende oftmals nur die weiße Flagge hissen kann. Wir sind zwar Anfänger, Amateure, aber wir erklären unser Ding so, dass es jeder kapiert.

Wenn ich beispielsweise auf den Partys meine Anfangsrede halte, dann sage ich: »Ökostrom wird aus Wind, Wasser, Sonne und Biomasse erzeugt.« Das können die Leute verstehen. Geothermie gehört zwar auch dazu, ebenso die Kraft-Wärme-Kopplung, aber bis ich das erklärt hätte, wäre die Party vorbei. Also mache ich thematische Zugeständnisse zugunsten der Verständlichkeit. Das mögen mir Fachleute als Schludrigkeit vorwerfen, ich finde es schlicht pragmatisch. Ich habe mir ein klares Ziel gesetzt: Der Wechsel zu Ökostrom ist möglich, und das erreiche ich mit meinen saloppen Vorträgen besser als mit einer akademischen Vorlesung.

Außerdem bin ich mit meinem Ökostrom-Wechselparty-Team natürlich schneller bei der Tat und agiler im Einsatz als Parteien und Verbände. Diese stehen sich oft selbst im Weg, »kochen im eigenen Saft«. Zuständigkeit und Verantwortung werden gern auf den Apparat abgewälzt. Im Ernstfall möchte niemand mit dem eigenen Namen, dem eigenen Gesicht für eine Entscheidung geradestehen. Eine erfahrene Landtagsabgeordnete sagte mir einmal: »Ab einem gewissen Punkt werden

Karriereplanung, Machtstreben und Geltungsbedürfnis leider wichtiger als die Inhalte.«

Die Idee, Ökostrom-Wechselpartys zu veranstalten, war aus der Not geboren. Und im Grunde glaube ich auch, dass solch eine Idee nur von jemandem entworfen werden konnte, der nichts mehr zu verlieren hatte.

Das Jahr 2006 war für mich eine sehr schwierige Zeit gewesen. Ich hatte mit der dümpelnden Auftragslage zu kämpfen gehabt, und am Jahresende gab es für mich überhaupt keine Arbeitsmöglichkeiten mehr. Ich musste mich extrem einschränken, reduzierte alle nicht überlebenswichtigen Ausgaben, wie man das als Selbstständiger macht, wenn man keine Aufträge mehr hat. Dann geht man nicht mehr ins Kino und kauft sich keinen neuen Pullover mehr.

Als ich Anfang 2007 meine Finanzlage checkte, war die Bilanz ernüchternd: Okay, ich konnte mit meinen Ersparnissen noch bis Ostern durchhalten. Aber dann? Meine Situation sah nicht gerade rosig aus. Mit einem Mal musste ich mir eingestehen, dass ich dummerweise das letzte Überbleibsel einer alten Ausbildungsgeneration war. Der Tontechnikerberuf wurde nach und nach abgeschafft. Was jetzt gefragt war, das waren Leute, die sich mit Computern und Elektronik auskennen. Doch ich konnte nicht plötzlich von heute auf morgen die ganze Hightechnummer bespielen, da gab es längst andere, die damit groß geworden waren. Eine bittere Erkenntnis.

Manchmal saß ich auf dem Sofa und beschimpfte mich selbst: »Scheiße, Scheiße, das wird nichts mit dir. Deine Schulfreunde bauen Häuser, haben Familien, machen Karriere – und du?« Ich hatte kein Haus, keine Karriere, keine Kinder, und wenn ich meinen Kontostand betrachtete, wurde mir schummrig.

Was nützte es schon, dass ich beruflich ein Spezialgebiet beherrschte, das niemand mehr brauchte? Anfangs waren die Jobs gut gelaufen. Ich war mit Bands auf Tournee gewesen, hatte den Ton übernommen und dann immer häufiger auch die gesamte Organisation. Mein Spektrum reichte vom Tourneemanagement über die Produktionsleitung bis hin zum Produktionsmanagement. Ich konnte CD-Aufnahmen konzipieren, budgetieren, durchführen.

Ich qualifizierte mich also immer weiter. Irgendwann drehte ich dann nicht mehr selbst die Tonknöpfe, sondern organisierte nur noch die Leute, die die Knöpfe bedienten. Doch die Anforderungen veränderten sich immer weiter. Irgendwann zogen sogar die Freunde meines jüngeren Bruders an mir vorbei. Manchmal war ich schier verzweifelt, wenn er erzählte, dass einer seiner Freunde wieder mal einen ganz tollen Posten im Juniormanagement irgendeiner Firma bekommen hatte.

Ich wusste auf der anderen Seite aber auch, dass ich keine Lust mehr hatte, mich für einen Job zu verbiegen. Die Jahre der Selbstständigkeit hatten mich gelehrt, dass es Angebote gibt, die man kein zweites Mal wahrnehmen sollte.

Zum Beispiel hatte ich 2006 einen längerfristigen Auftrag angenommen, ein Projektmanagement in der Oberpfalz. Ich pendelte fortan von Leipzig in die Oberpfalz, immer drei, vier Tage die Woche, und arbeitete bis zur Erschöpfung. Sechs Stunden dauerte eine einfache Fahrt mit den öffentlichen Verkehrsmitteln – das war einfach ätzend.

Es war letztlich Raubbau an meinen Kräften, denn Körper und Seele leiden, wenn man sich so schindet. Ich verdiente zwar gutes Geld, doch eigentlich zog mir der Job immer mehr den Boden unter den Füßen weg. Ich hatte kein Leben mehr. Wenn man hart malocht, braucht man viel Zeit, um sich daheim zu regenerieren und Liegengebliebenes zu erledigen. Für Freizeit oder Freunde bleibt wenig übrig.

So sehr ich auch motiviert war, zu arbeiten und etwas zu

leisten: Ich wollte einfach nicht meine Seele verkaufen. Mit dieser Haltung aber, das merkte ich schnell, katapultierte ich mich nach und nach ins gesellschaftliche Aus. Ich gehörte keiner Gruppe, keiner Schicht an, es gab keinen Platz für mich. Bald fühlte ich mich wie ein Puzzleteil, das nirgendwo hineinpasste – vielleicht, weil es das dazugehörige Puzzle noch nicht gab.

War ich mit meinem Lebenskonzept gescheitert? Einige Jahre zuvor hatte ich meinem Leben durch einen Umzug nach Leipzig eine neue Richtung gegeben. Leipzig, das war ein Wendepunkt gewesen. Und der Abschied von dem Dasein zuvor. Ich wusste nämlich sehr genau, was es bedeutete, im System zu funktionieren.

Vor dieser Entscheidung hatte ich in München gewohnt und für ziemlich dicke Fische gearbeitet. Damals war ich Teil der jung-dynamischen Aufsteigerszene. Es war die große Zeit des Neuen Marktes. Morgens ging ich in schicken Schuhen und adretten Blusen aus dem Haus und verdiente richtig gut. Ich, die eher sportliche Turnschuh-Schnecke, stand schon um halb sieben in der Küche und bügelte meine Sachen. Irgendwann aber merkte ich: Das ist es nicht.

Sicher, eine Weile hatte es mir Spaß gemacht, vor allem die neuen Herausforderungen, dafür bin ich immer gern zu haben. Ich machte Recherchen, organisierte unterschiedlichste Seminare und betrieb Akquisitionen in der Medienbranche, alles freiberuflich. Und ich versuchte, den Münchner Lifestyle zu genießen. Doch immer deutlicher sah ich, welche Abgründe sich auftun konnten, wenn man sich hauptsächlich nach materiellen Dingen ausrichtet und sich das ganze Leben um Statussymbole dreht. Die Gespräche kreisten viel zu oft um Schmuck, Städtereisen übers Wochenende, neue Klamotten und angesagte Restaurants.

Ich war auf dem Land groß geworden, und nun war ich umgeben von Leuten, die nicht wussten, wie es sich anfühlt, frühmorgens barfuß durchs taunasse Gras zu laufen. Es musste sich etwas ändern, das spürte ich.

Ein paarmal hatte ich Leipzig besucht. Die Stadt gefiel mir. Da gab es kein Schickimicki, da gab es einen ganz anderen Groove. Es ging langsamer zu, menschlicher, nicht so oberflächlich. Und es gab viel Platz, unendlich viel Platz. Sofort fühlte ich mich dort wohl.

Kaum jemand von meinen Münchner Freunden verstand mich, als ich umzog, auch wenn ich es ihnen erklärte. Ich wollte ein Umfeld, in dem man auch ohne einen BMW vor der Tür oder Prada-Klamotten im Schrank gesellschaftlich akzeptiert wird. Im Gegensatz zu München ist es in Leipzig nicht schlimm, wenn man nicht die neuesten Schuhe trägt oder einen alten Mantel: Wenig Geld zu haben, gilt nicht als Makel.

Die Subkultur-Ideen sind in Leipzig greifbarer als anderswo. Es gibt Galerien, die am Rande der Illegalität in baupolizeilich nicht genehmigten Räumen Ausstellungen veranstalten. Es gibt kleine Theater, witzige Cafés, die es nicht darauf anlegen, schick und teuer zu sein. Nichtsdestotrotz hat auch diese Stadt ihre Schattenseiten. Gewalt, Trostlosigkeit, braunes Gedankengut, kommunales Geklüngel und nicht zuletzt die Arbeitslosigkeit, das sind große Probleme, die ich nicht unter den Teppich kehren will. Und die ja auch mich fast zermürbt hatten. Dennoch: Ich bin gern in Leipzig.

Immer wieder versuchte ich hier einen Job zu finden, doch ständig sagte man mir, ich sei überqualifiziert. Es wurde langsam zappenduster. In meiner Not spielte ich mit dem Gedanken, in einem Callcenter zu arbeiten – für fünf Euro in der Stunde, auch am Abend und am Wochenende. Ich dachte: Nee, das geht so nicht.

Trotzdem erschien ich zu einem Vorstellungsgespräch. Ich war Anfang dreißig, mir gegenüber saß ein Frau, die vielleicht gerade mal Anfang zwanzig war und nun mit mir ein Einstellungsgespräch führte. Sie fragte mich doch tatsächlich: »Können Sie sich vorstellen, dass Sie das beruflich erfüllt?« Wie vom Donner gerührt saß ich in meinem Sessel. Wo war ich bloß gelandet?

Schließlich suchte ich bundesweit über Stellenanzeigen nach einem Job. Zwar hing ich an Leipzig und an dem Lebensstil in dieser Stadt, aber wenn es nicht anders ging, musste ich wohl oder übel wegziehen, ein Jobnomade werden. Ich wollte mich ja auf alle Fälle über Wasser halten können.

Zuerst bewarb ich mich als Projektmanagerin. Eine alte Freundin aus München, die einen Superjob in einem Architekturbüro hatte, half mir bei einer Bewerbung bei einem großen Logistikdienstleister in Leipzig. In der Unterhaltungsbranche ging immer alles sehr formlos zu, jetzt aber musste die Sache hochseriös wirken. Tagelang bastelten wir an den Unterlagen, doch als ich sie endlich abschickte und gespannt auf eine Rückmeldung wartete, hieß es wenig später, der Job sei schon intern vergeben. Wieder nichts!

Ich bewarb mich bei einem Friedensprojekt, bei einer ökologisch ausgerichteten Heizungsbauerfirma in Hannover, versuchte es auch in einem Tonstudio in Leipzig – überall Fehlanzeige. Der Markt war voll.

So war es nicht weiter erstaunlich, dass ich nach den ersten beiden Stromwechselpartys regelrecht erleichtert war. Denn nun hatte ich das Gefühl, dass es doch einen Platz für mich geben konnte, dass das Puzzleteil nicht so überflüssig war, wie ich gedacht hatte. Dass ich etwas gefunden hatte, was mir Spaß machte und wo ich alle Register meiner Talente ziehen konnte. Dumm war nur, dass ich kein Geld damit verdiente.

Da ich aber den Glauben an eine höhere Gerechtigkeit und an das Gute in der Welt nicht aufgeben wollte, war meine ganze Hoffnung: Wenn ich jetzt hart arbeite, mich einsetze und es auch noch erfolgreich ist, dann muss das doch irgendjemand wahrnehmen und mich dafür belohnen.

Ja, ich weiß, das war etwas naiv gedacht.

In dieser Zeit telefonierte ich mit meiner älteren Schwester. Sie bestärkte mich: »Ulla«, sagte sie, »das wird sich alles fügen. Es hat sich schon so viel gefügt, jetzt mach dir mal keine Sorgen, leg los und bleib dabei!« Also hielt ich an meiner Hoffnung und auch an meinem Glauben fest. Dass der später noch öfter schwer erschüttert werden sollte, ahnte ich damals nicht.

Nach der zweiten Stromparty hatten wir im Spendenkörbchen genau siebzehn Euro und achtunddreißig Cents. Außer Spesen nichts gewesen. Das war schon ein harter Schlag. Kaffee und Kuchen, das Ausleihen der Kaffeekannen, für all das hatte ich sehr viel mehr ausgegeben. Ich hatte mich auf die Verantwortung der Gäste verlassen, dass sie schon wüssten, wie viel Aufwand eine solche Party mit sich brachte und dass sie dementsprechend spenden würden.

Es war eine finanziell ungemütliche Situation. Doch manchmal sind es gerade solche schwarzen Momente, in denen sich ein gewisser Fatalismus einstellt und man bereit wird für Risiken: Im Grunde hatte ich nichts zu verlieren, also machte ich einfach weiter. Ich nahm meinen kompletten Rest-Mut zusammen, mischte eine Prise Fatalismus mit jede Menge Humor und einem großen Willen zur guten Tat – und setzte alles auf eine Karte.

Die Tatsache, dass ich mich so intensiv für das Abenteuer Wechselpartys einsetzen konnte, lag natürlich auch daran, dass ich nach den Wochen als Tourmanagerin keine Verpflichtungen hatte. Ärgerlich war jedoch, dass ich manchmal belächelt wurde, sogar von Leuten aus dem näheren Umkreis. Da gab es einige, die bei meinem Anblick aufstöhnten: »Oha, da ist sie wieder, diese Ökostromaktivistin!« Nie hätte ich mich als solche bezeichnet. Ich wollte nicht in die Ökoecke abgeschoben werden. Und statt Argwohn hätte ich mir lieber mehr Engagement gewünscht.

Klar, ich wurde zunehmend unbequem, weil ich regelmäßig um Hilfe bat oder Zettel verteilte. Doch ich konnte nicht anders, ich musste einfach mein Projekt durchziehen. Durch diese Aktivisten-Belächler lernte ich aber, Konfrontationen auszuhalten. Und ein echter, sportlicher Kampf geht kaum ohne Blessuren ab.

Einmal bekam ich eine SMS, die mich richtig empörte, paradoxerweise eine Reaktion auf ein Dankeschön. Ich hatte einem Helfer – wie allen anderen auch – für seine Unterstützung im Nachhinein ein Tütchen mit Keksen an die Tür gehängt, mit einem kleinen Brief. Nun schrieb dieser: »Vielen Dank für den Naturstrom-Kuchen. Aber sag mal ehrlich: Die Atomenergie ist doch gar nicht so schlecht. Uran ist doch eine natürliche Ressource, die Sonne macht doch auch nichts anderes als ein AKW!«

Die Unbedarftheit, die hinter dieser Aussage stand, diese Da-wird-schon-nichts-passieren-Haltung vieler Atomstrombenutzer, das fand ich doch erschreckend. Ich war ganz schön durch den Wind und dachte nur noch: So ein Ignorant. Im Nachhinein betrachtet, weiß ich natürlich, dass ich mich deshalb so aufgeregt habe, weil mir diese Wechselpartys zum Lebensinhalt geworden waren. Vor Kurzem traf ich übrigens diesen Helfer wieder. Er erzählte mir, dass er inzwischen zu Ökostrom gewechselt hätte.

Um keine Missverständnisse aufkommen zu lassen: Ich bin keine Fundamentalistin, aber ich bin mir meiner Verantwortung bewusst. Wenn sich jemand wie ich hinstellt und von Umwelt, Klimaschutz und Ökostrom redet, dann muss er das auch leben. Ich fahre kein Auto, benutze nur die öffentlichen Verkehrsmittel und transportiere meine Getränkekisten mit dem Fahrrad vom Supermarkt nach Hause. Zum Ausspannen paddele ich auf der Mecklenburger Seenplatte herum, statt in die Ferne zu jetten. Jeder, der auf einer meiner Partys war und mich erlebt hat, weiß, dass es stimmig ist, was ich sage. Und wer mich sieht, wie ich mit meiner alten Klapperkiste angeradelt komme, weiß auch, dass ich tue, was ich propagiere.

Was mich verletzt, sind die Neider und Zweifler. Manche Leute lesen einen Artikel über mich und sagen: »Da steckt bestimmt irgendeine Firma dahinter. Es kann doch nicht sein, dass sich jemand so einsetzt, für umsonst.« Die Leute haben den Glauben daran verloren, dass sich jemand für eine gute Sache engagiert, ohne damit Geld zu verdienen.

Auf der anderen Seite spüre ich auch, dass es vielen lieber ist, wenn ich arm wie eine Kirchenmaus bleibe. Eine Radiojournalistin beendete einmal ihren Beitrag über mich mit den Worten: »Frau Gahn macht das alles ehrenamtlich, und das ist auch gut so. Denn wenn sie Geld für die Sache bekommen würde, wäre sie nur eine halb so gute Weltretterin.«

Wie bitte? Wo steht geschrieben, dass man mit seinem Einsatz nicht auch den Lebensunterhalt bestreiten darf? Es lebe der Märtyrermythos, willkommen im Mittelalter! Deshalb machte es mich glücklich, als ein Fan nach der Radiosendung schrieb: »Vielen Dank, super, dass ihr das macht. Natürlich solltet ihr für die ganze Arbeit Geld kriegen. Es gibt genug Leute, die mit ganz schlimmen Sachen sehr viel Zaster verdienen, und ihr, die ihr euch wirklich einsetzt, sollt das umsonst machen? Das wäre ja noch schöner.«

Ich hatte etwas gefunden, was ich gern und gut machte, womit ich Erfolg hatte und wohinter ich hundertprozentig stehen konnte. Jetzt musste ich nur noch die Sache mit dem Geld hinbekommen.

4 *Miss 1000 Volt*
DIE DRITTE PARTY

Leipzig stellte sich als ideales Terrain für den Wechsel zu Ökostrom heraus – der örtliche Energieanbieter verkaufte seinen Strom in den Augen vieler horrend teuer. Das gab dem Ganzen natürlich noch mal einen Extradrive. So war es nicht weiter verwunderlich, dass der Auftritt des örtlichen Standardversorgers nicht lange auf sich warten ließ. Ich hatte immer mit offenen Karten gespielt, und in dem Moment, als meine Partys öffentlich wurden, hatte ich bei ihm angerufen und gefragt, ob sie nicht auch einen Fachmann vorbeischicken wollten.

Zugegeben: Auf der einen Seite hatte ich Lust auf eine kontroverse Diskussion, die dann entstanden wäre, auf der anderen Seite empfand ich es aber auch als ein Gesetz der Höflichkeit, dass ich mich bei ihm meldete: Schließlich verlor er Kunden, und daher sollte er zumindest einbezogen sein. Doch bei »Horns Erben« hatte sich niemand vom örtlichen Stromanbieter blicken lassen.

Ich fand das schade. Schließlich arbeite ich völlig unabhängig und verstehe meine Stromwechselpartys als Plattform, auf der alle nötigen Informationen verfügbar sein sollten. Es wäre doch interessant gewesen, wenn jemand da gewesen wäre und erklärt hätte, warum sie keinen vernünftigen Ökostrom anbieten. Eine solche Frage musste ja erlaubt sein.

Als ich vor der dritten Party wieder beim örtlichen Stromanbieter anrief, landete ich erneut in einem Callcenter. Ich sagte meinen Spruch auf, doch die Reaktion war nur: »Mmmh, weiß ich nicht, versuchen Sie es mal woanders.« Das tat ich dann auch, doch auch dort reichte man mich weiter: »Dafür bin ich leider nicht zuständig, wenden Sie sich ans Marketing.«

In dieser Abteilung fühlte man sich ebenfalls nicht zuständig – bis ich schließlich und endlich jemanden fand, der zumindest ein bisschen um diese Thematik Bescheid wusste. Diesem Mitarbeiter schickte ich eine Einladung und rief ihn auch noch einmal persönlich an, doch er blockte ab: »Nee, nee.«

So schnell ließ ich mich nicht abwimmeln. Kurze Zeit später erwischte ich einen weiteren Kollegen, der sich sogar noch besser auskannte, der aber auch nur etwas murmelte, das klang wie: »Was Sie da machen, betrifft ja die Privatkunden ... für uns nicht so interessant ... wir machen inzwischen über die Hälfte unseres Umsatzes mit deutschlandweiten Großkunden machen.«

Sofort gingen bei mir drei Lichter auf einmal auf. Wenn ich das richtig verstanden hatte, ahnte ich, warum der örtliche Stromanbieter im Umgang mit seinen Kunden so nachlässig auftrat: Es war ihm offenbar egal, ob Frau Schmidt und Herr Meier wechselten, weil sie den Reibach mit den Großkunden, also der Industrie im gesamten Bundesgebiet machten. Aha. Das erklärte so einiges. Es schien so, als hätten die Herren dort ein pfiffiges wirtschaftliches Konzept ausgetüftelt: Man steckt das Geld von den privaten Haushalten ein, denen der Strom überteuert verkauft wird, und geht dann in den bundesweiten Wettbewerb um Großaufträge mit Dumpingpreisen. Eine Mischkalkulation – auf Kosten der Verbraucher. Wenn das wirklich stimmte, dann war das schon ein starkes Stück. Die Leute in Leipzig – wie auch in anderen Städten – denken doch, sie müssten ihren regionalen Stromanbietern die Treue halten, zumal die doch so viel für die Kultur tun. Weit gefehlt: Das sind längst nicht mehr »unsere Stromanbieter«, sondern es handelt sich um globale Unternehmen, die auf Gewinn aus sind.

Wie stark der Einfluss des Standardanbieters ist, durfte ich am eigenen Leibe erleben. Sein Kultursponsoring wurde ein heißes Thema für mich. Wenn ich für meine Partys Gaststätten oder kleine Theater anfragte, entstand oft das Problem, dass diese Kulturstätten von diesem Energieanbieter unterstützt wurden.

So manches Mal musste ich mir die ehrliche Antwort anhören: »Tut uns leid, wir können nicht mit Ihnen kooperieren, weil wir Geld von denen erhalten. Wenn uns die Förderung wegbricht, dann können wir einpacken.« Plötzlich waren meine Stromwechselpartys zum Politikum geworden!

So weit also die Vorgeschichte. Die dritte Party fand – wie angekündigt – in den Räumen des Bürgervereins Waldstraßenviertel statt und war auch in dem hiesigen Anzeigenblatt, *Waldstraßenviertel NACHRICHTEN*, erwähnt worden, das hier in den Läden ausliegt. Außerdem hatte die *Leipziger Volkszeitung*, die lokale Tageszeitung, zum ersten Mal auf meinen Termin hingewiesen.

Und wieder war es Sonntag, eine Woche später, nämlich der 22. April. Wieder backte ich Kuchen, rief wieder meine Freunde an: »Hallo, ich brauche Unterstützung! Wer kann aufbauen helfen? Wer kann die Kaffeekannen und den Kuchen bei mir abholen?«

Dieses Mal entpuppte sich die Organisation als etwas schwieriger, es hakte und ratterte an allen Ecken und Enden. Und mein treuer Unterstützer Bempf, der immer zur Stelle ist, wenn es haarig wird, ist dazu noch Besitzer eines total umweltschädlichen Autos. Doch es half nichts: Er war der Einzige, der mich fahren konnte. Bempf stammt übrigens aus dem schwäbischen Bempflingen, im wahren Leben heißt er natürlich anders. Er ist wie Suse Orchestermusiker. Von sich selbst sagt er, dass er überhaupt nicht politisch sei. Doch er hilft mir noch immer, mit einer unumstößlichen Zuverlässigkeit.

Trotzdem: Da machte ich ein Event für Ökostrom und saß nun in einer superschicken Karre, die ich bis dato immer als »Zuhälterschüssel« bezeichnet hatte, nun in »Energieschleuder« umbenannte, samt Kaffee und Kuchen und kistenweise Informationsbroschüren über umweltfreundlichen Strom.

Kurz bevor wir am Veranstaltungsort ankamen, sagte ich: »Bempf, ich glaube, du solltest das Auto besser in einer Seitenstraße parken, sonst wird es irgendwie peinlich!«

Dann konnte die Party beginnen. Mein Expertenteam war da, die Unterlagen von allen Anbietern ebenfalls, auch hatten wir wieder Zeitungsartikel an die Wände geklebt. Doch bevor es losging, passierte etwas ganz Eigenartiges. Ich wollte gerade meine Begrüßungsrede halten, als ein etwas seltsam aussehender Typ zur Tür hereinkam, mit einer Art Vertretermappe unter dem Arm. Er schaute sich ein bisschen um, dann setzte er sich an den Tisch, wo einer meiner Helfer mit dem Strompreisrechner stand.

Der Typ öffnete seine Vertretermappe, und während ich ihm dabei zusah, hatte ich ein merkwürdiges Gefühl. Komisch, dachte ich, der schaut nicht so aus wie ein normaler Partybesucher, irgendetwas stimmt da nicht. Ich ging zu ihm, begrüßte ihn und fragte ihn, ob wir uns vielleicht kennen würden.

Er blinzelte kurz, dann sagte er: »Ich komme vom regionalen Stromanbieter.« Das saß. Für mich war das wie eine Bombe. Ich sagte nur: »Ach.« Mehr brachte ich nicht heraus, nur dieses völlig entgeisterte »Ach«. Weder hatten der örtliche Energieanbieter ihn angemeldet noch hatte er selbst das getan. Sein Erscheinen war in keiner Weise abgesprochen worden.

Nachdem ich mich von meiner ersten Überrumpelung erholt hatte, sagte ich: »Ja gut, dann willkommen, und wenn Sie Fragen haben, werde ich Sie gern einbinden.« Geärgert hat es mich trotzdem, dass er einfach so hereingeplatzt war. Ich kümmerte mich aber erst einmal nicht weiter um ihn, weil ich so viele andere Sachen zu organisieren hatte.

Nachdem ich die Gäste begrüßt hatte, wurde zum ersten Mal der Ruf nach einem Vortrag laut. Ach du liebes bisschen, dachte ich. Ich hatte keinen solchen vorbereitet, nur meine Begrüßungsrede und die Vorstellung der Experten. Was nun?

Ich sah mich um. Das Publikum im Bürgerverein Waldstraßenviertel war ein ganz anderes als im Club »Horns Erben«, eine eher ältere Klientel – und eine ausgesprochen wissensdurstige Zielgruppe. Die konnte ich nicht einfach abschmettern, das spürte ich. Kurz entschlossen stieg ich daher auf einen Stuhl und sagte: »Also gut, ich halte jetzt einen kurzen Vortrag.«

Ich erzählte alles, was ich über Ökostrom und über den Wechsel wusste, in der richtigen Dosierung. Die anschließenden Fachfragen delegierte ich an die Experten, und damit gab sich das Publikum Gott sei Dank zufrieden. Sie hatten am Ende einen guten Überblick, konnten sich vorstellen, wie der Wechselprozess funktionierte und klärten den Rest dann im persönlichen Gespräch.

Alles lief bestens. Doch plötzlich bemerkte ich, dass der Typ mit seiner Vertretermappe diese aufklappte und damit begann, die Leute beim Preisrechner anzusprechen. Es standen dort sehr viele Gäste, alle mit ihrer letzten Stromrechnung in der Hand, und ließen ihre Daten eingeben. Und was machte der Mann von den Standardwerken? Während mein Helfer sich bemühte, den Leuten gleichzeitig ihre alte Stromabrechnung zu erklären und den für sie günstigsten Ökostromanbieter zu finden, stand dieser Mann daneben und versuchte unbemerkt, wie es schien, die Namen und Verbrauchsdaten auf den alten Rechnungen herauszufinden und zu notieren. Namen und Daten – das Sensibelste überhaupt!

Mit einem Satz stürmte ich auf ihn zu, klappte seine Mappe zu und sagte: »Das geht überhaupt nicht. Sie können gern an der Party teilnehmen, Sie können Fragen zu Ihrem Anbieter beantworten, aber Sie werden von den Leuten, die hier zu Gast sind, keine Daten aufschreiben, dass das klar ist!«

Er starrte mich an. »Die Mappe bleibt zu!«, zischte ich. Meine Wut war unbeschreiblich. Was für eine bodenlose Frechheit, sich hier wie ein Spion einzuschleichen und auch noch die Daten von arglosen Partygästen zu klauen! Leise sagte ich zu Tobi, dem Helfer, der am Preisrechner saß: »Pass bloß auf diesen Typen auf!«

Mein Herz klopfte wie wild. Was für eine blöde Situation! Ich hatte den Mann ziemlich hart angeschossen, aber das musste ich auch. Wer weiß, wofür er die Daten der Gäste verwendet hätte? Er nahm sich daraufhin etwas zurück, doch geheuer war mir das Ganze nicht. Bis heute weiß ich nicht, ob er aus privatem Interesse gekommen war oder ob er Stromverträge abschließen wollte. Da sein Anbieter auch ein Ökostromprodukt hatte, konnte es da nicht sein, dass er diese Leute anschreiben wollte, weil er hier die ideale Zielgruppe witterte? Wie auch immer, der Schreck saß mir ziemlich in den Knochen.

Das Besondere an der dritten Party war, dass ich im Vorfeld viel offensiver als vorher die Presse informierte hatte. Ich hatte Zeitungen angeschrieben, das Radio benachrichtigt – und überall gute Rückmeldungen bekommen. Ein Journalist von *hallo! Leipzig* hatte mich besucht, ein Interview mit mir gemacht und mich fotografiert. Dazu musste ich mich in meiner Küche vor dem Wasserkocher und einem Stromstecker hinstellen und lächeln. Das Bild zierte dann die Titelseite des Wochenmagazins mit der Schlagzeile: »Sie bringt die Branche zum Kochen!« Ulla Gahn als Covergirl? Okay ...

Was mich aber komplett umhaute, war ein Anruf von der *taz* in Berlin. Klar, ich hatte ihnen Informationsmaterial zukommen lassen, doch dass sie sich tatsächlich melden würden, damit hatte ich nicht gerechnet. So musste ich dreimal schlucken, als ich erfuhr, dass sie gern jemanden zur Party schicken würden.

Kurz darauf rief mich der *taz*-Journalist Peter Unfried an – erst viel später fand ich heraus, dass er Mitglied der Chefredaktion war. Der Chefredaktion! Es war das erste Mal, dass ich einen echten, fest angestellten Redakteur zu Gesicht bekam, der sich tatsächlich für mein Projekt interessierte. Sehr freundlich sagte er am Telefon, dass er gern kommen würde und ob ich ihm die beste Verbindung erklären könnte, denn er wolle mit dem Zug und der Tram anreisen.

Kein Witz: Er reiste wirklich an! Auf der einen Seite fühlte ich mich total geehrt, dass ein Journalist aus Berlin auf meine Party kam, auf der anderen Seite aber wusste ich überhaupt nicht, was ich mit ihm anstellen sollte. So ein hoher Besuch war komplett neu für mich.

Peter Unfried blieb locker: »Nein, nein, Sie müssen gar nichts Besonderes tun. Ich setze mich einfach hin und schaue mir die Party an. Wenn ich Fragen habe, komme ich auf Sie zu, tun Sie einfach Ihr Ding.« Er setzte sich still in eine Ecke mit seinem Block, machte sich Notizen und befragte gegen Ende auch noch ein paar Gäste. Das war's.

Am nächsten Tag rief er mich an und versicherte mir noch einmal, dass er tatsächlich einen Artikel über die Veranstaltung schreiben wolle. Ich war vollkommen beseelt. Eine Erwähnung in der *taz*, wie wunderbar! Was für eine großartige Anerkennung!

Anerkennung konnte ich, ehrlich gesagt, auch gebrauchen. Wieder einmal fuhr ich emotional Achterbahn. Viele Leute denken: Die Ulla Gahn hat es gut, es ist doch lustig, eine Party nach der anderen zu schmeißen. Der ganze Rummel, das muss doch cool sein. Stimmt, die Partys machen Spaß. Doch kaum jemand ahnt, wie unglaublich anstrengend das Ganze ist und mit welchen Tücken und Fußangeln die Vorbereitung gespickt ist.

Der Teufel steckt immer im Detail, und Details gibt es mehr, als einem lieb sein kann, von der Kaffeekanne bis zum Internetkabel. Kleinkram? Ja, Kleinkram. Aber ohne diese ganzen Dinge wären die Stromwechselpartys nur eine halbe Sache.

Doch auch diese Veranstaltung war gut gelaufen, der Raum brechend voll, etwa fünfzig, sechzig Leute waren da, und der Preisrechner befand sich im Dauerbetrieb. Durch die große Presseresonanz kamen zur dritten Party zum ersten Mal auch Experten, die ich gar nicht persönlich eingeladen hatte, sondern die aus freien Stücken erschienen waren. Das Netzwerk wurde immer größer.

Da war zum Beispiel ein Betonbauer aus Grimma, der sich mit seiner Firma auf das Gießen von Betonsockeln für Windkrafträder spezialisiert hat. Er hat in Grimma dreißig Arbeitsplätze geschaffen; jetzt wird er sogar international engagiert, bis hinauf nach England fahren seine Betonbauertrupps. Ein anderer besonderer Gast war Ralf Henzler, der Blockheizkraftwerke vertreibt und sich sehr gut mit Energiethemen auskennt. Er kam mit seinem CityEL-Solarmobil angefahren.

Besonders ist mir ein überraschend versierter älterer Herr in Erinnerung geblieben, der sich während der Expertenrunde zu Wort gemeldet hatte: »Ich wollte nur sagen, ich habe jetzt schon seit mehreren Jahren eine Solaranlage auf dem Dach!« Alle Köpfe drehten sich ihm zu. »Ich habe auch immer Buch geführt«, erzählte er weiter, »über den Stromverbrauch. Meine Frau und ich, wir haben jetzt viel mehr Strom als wir benötigen, weil wir so sparsam sind. Von unserer Solaranlage auf dem Dach können wir sogar noch Strom ins Netz einspeisen. Zudem haben wir uns einen neuen Energiespar-Kühlschrank gekauft, Energieeffizienzklasse A++.« Wir waren alle platt. Der Mann mochte Mitte, Ende sechzig sein, und ich fand es toll, dass jemand aus dieser Altersliga so engagiert war.

Einen Windkraftbetreiber hatte ich ausfindig gemacht, und

das wieder einmal per Zufall. Als ich durch das Waldstraßenviertel lief und in den Läden Plakate und Handzettel verteilte, kam ich an einer Windkraftenergiefirma vorbei, die mir vorher schon im Vorbeiradeln aufgefallen war. Ich hatte einfach geklingelt, von der Party erzählt und gefragt, ob ich sie als Experten einladen dürfte. Andreas Arens, der Ingenieur dieses Unternehmens, erschien dann tatsächlich auf der Party und konnte aus erster Hand von seinen Erfahrungen mit Windkraftanlagen erzählen.

Es war für seine Firma ziemlich schwierig gewesen, herauszubekommen, an welchen Stellen in Leipzig man solche Anlagen bauen konnte und durfte: Lange hatte es gedauert, bis die Finanzierung stand und alle Genehmigungen vorlagen. Heute betreibt dieses Unternehmen Windkraftfelder im Umland von Leipzig. Sie verkaufen ihren Strom an den örtlichen Standardanbieter, der wiederum veräußert den sauberen Strom an Händler (das können Ökostrom-, aber auch Normalstromanbieter sein, die aufgrund des deutschen Gesetzes für den Vorrang Erneuerbarer Energien, kurz Erneuerbare-Energien-Gesetz, EEG, genannt, grünen Strom in ihrem Mix haben müssen) – sie können den Strom nicht direkt an die Endkunden abgeben.

Das alles war hochinteressant, auch für mich. Ich hatte nicht gewusst, dass dezentrale Stromerzeuger ihre Energie an Händler veräußern müssen. Viele Leute glauben, Ökostromanbieter hätten alle selbst ihre Solaranlagen auf dem Dach. Ein Fehlschluss: Die meisten folgen einem Prinzip, das dem eines Bio- oder Hofladens vergleichbar ist. Etwas Gemüse wird eigenständig produziert, der Rest wird dazugekauft – aber nur Zertifikatsware, um sicherzustellen, dass sie wirklich ökologisch produziert worden ist. Transparent ist der Markt jedoch keineswegs. Das musste auch ich erst herausfinden.

Alles in allem war die dritte Party wieder ein Erfolg gewesen. Am Ende räumte ich alles auf, machte sauber und packte das

Geschirr in Bempfs »Energieschleuder«, die er inzwischen vorgefahren hatte. Was für ein Tag! Ich war etwas neben der Spur, fühlte mich ausreichend erledigt.

Auf dem Weg nach draußen sah ich, dass noch drei Experten anwesend waren, die sich auf der Treppe unterhielten: der Windkraftbetreiber, der Betonbauer und der Solarautofahrer. Ich muss wohl ziemlich durchgenudelt ausgesehen haben, jedenfalls sprach mich der Betonbauer an: »Das war anstrengend, stimmt's? Aber du hast es gut gemacht!«

Das Lob des Betonbauers baute mich auf. »Weißt du«, sagte er, »das ist jetzt alles sehr viel und wahnsinnig wild gewesen, aber wenn du denkst, es ist nur ein Tropfen auf den heißen Stein, so stimmt das nicht ganz. Bei einem Staudamm ist es auch immer der erste Tropfen, der den Riss verursacht. Wenn der Weg gebahnt ist, fließt das Wasser bald in Strömen, doch ohne den ersten Tropfen passiert gar nichts.« Etwas skeptisch schaute ich ihn an. »Wirklich?« Er nickte. »Denk an den ersten Tropfen«, wiederholte er, »das ist das Wichtige, und es ist genau das, was du hier machst.«

Während ich ihm zuhörte, ging mir auf, dass ich selbst noch gar keine Zeit gefunden hatte, solch philosophische Gedanken zu wälzen. Aber er hatte es auf den Punkt gebracht. So trug ich ein kleines stolzes Lächeln auf den Lippen, als ich heimfuhr. Wenn andere es für sinnvoll hielten, was ich tat, dann hatte ich schon viel erreicht.

5 *Sicherheitsstecker* **UND JETZT?**

Vier Tage gingen ins Land, dann erschien am 26. April 2007 der *taz*-Artikel über die Ökostrom-Wechselparty. Auf Anhieb hatte ich ihn gar nicht gefunden, weil ich immer nach einem kleinen Beitrag gesucht hatte. Erst beim zweiten Durchblättern entdeckte ich ihn – und wäre fast vom Stuhl gefallen: Es war nämlich ein ganzseitiger Artikel – und zwar auf der Frontseite im Kulturteil! Ich bekam eine Gänsehaut. Da stand als Titelzeile: »Weltrettung in Leipzig.« Ich las mir alles durch und schrie nur noch »Yippieh!«, dann ging auch schon das Telefon ...

Später erfuhr ich: In der ganzen Republik war dieser Artikel auf diverse Kühlschränke und Zimmertüren gewandert. Mit einem Schlag wusste die ganze Szene Bescheid. Das war der Moment, in dem ich wusste: Party Nummer drei wird nicht die letzte gewesen sein. Die Veranstaltung im Bürgerverein hatte mich jedoch geschlaucht. Wenn ich wirklich weitermachen wollte, musste sich einiges ändern.

Ein paar Tage später setzte ich mich mit meinen Helfern zusammen. Ich sagte: »Leute, die Sache wird größer, als ich je gedacht hätte. Wie soll es weitergehen? Was machen wir?«

An diesem Tag wurde die Idee geboren, nicht nur weitere Partys zu organisieren, sondern auch einen Verein zu gründen. Uns war klar: Wir brauchten eine Struktur, wenn wir jetzt Veranstaltungen im größeren Ausmaß machen wollten, vielleicht sogar bundesweit.

Wie elektrisiert war ich von der neuen Phase, die sich jetzt abzeichnete – auch wenn ich keinen Schimmer hatte, wie ich mich und das Projekt finanzieren sollte. Ich wusste dennoch: Das muss gemacht werden, das ist mein Ding! Der Spaß, der Erfolg und das Gefühl, etwas zu bewegen, war mir jedes Opfer wert. Ich hatte meine Berufung gefunden, das spürte ich genau. Ich wandelte mich in dieser Zeit von der spaßorientierten Gelegenheitsklimaschützerin zur Jeanne d'Arc der erneuerbaren Energien. Als diese Metamorphose abgeschlossen war, dachte ich: Das ist doch eigentlich mehr, als viele andere jemals erreichen.

Doch es gab nicht nur mich, sondern auch mein Team. Noch in den hektischsten Zeiten hatten sie mir die Unterstützung gegeben, die ich dringend brauchte. Was hätte ich in all diesen Wochen nur ohne Barbara gemacht? Wie oft hatte ich bei ihr angerufen, weil es wieder eine neue Katastrophe gab oder eine schnelle Entscheidung zu treffen war. Es hätte sich wahrlich eine Standleitung gelohnt, so oft telefonierten wir miteinander. Auch Suse war immer eine Seelenstütze, wenn irgendetwas zusammenbrach. Obwohl sie nicht gerade – laut eigener Aussage – ein typisches Orga-Talent ist, war sie immer für mich da.

Etwas ganz Besonderes ist es, einen Freund wie Bempf zu haben. Auch in späteren Phasen, wenn es heiß herging, wenn die Finanzierung kippte und mein Konto immer leerer wurde, in solch mageren Zeiten rief er immer wieder an und sagte: »So, wir gehen jetzt ins Kino, los!« Deswegen heißt er für mich jetzt auch nicht mehr nur Bempf, sondern der Retter Bempf.

Oder Tobi, der irgendwann zu mir in die Küche kam, einen Zwanzig-Euro-Schein an den Kühlschrank pinnte und sagte: »Meine Spende für die Weltrettung!« Er hatte nämlich mitbekommen, dass Barbara und ich gern auf das Herbert-Grönemeyer-Konzert in Leipzig gehen wollten, obwohl ich völlig pleite war. Mit seiner Gabe konnten wir uns dieses Erlebnis leisten – und ich hatte währenddessen eine Gänsehaut nach der anderen. Es war nämlich schön, die Lieder vollständig zu hören, nicht nur die Fetzen, die ich Tage zuvor vernommen hatte, als Grönemeyer und seine Band für den Auftritt im nahe gelegenen Stadion probten, nicht weit von meiner Wohnung entfernt.

Diese Lieder, diese Texte, das war der Soundtrack zu unserem Projekt, etwa Zeilen wie: »Die Erde ist freundlich, warum wir eigentlich nicht?« Oder: »Beschütze deine Seele vorm Ausverkauf!« Genau so fühlte ich mich, genau das waren die Zeilen, die passten. Oder der Song »Flüsternde Zeiten«, in dem besungen wird wie die Politik sich ausruht und die kleinen Leute die Suppe auslöffeln müssen: »Regierungen kommen und gehen / Das Volk muss den Karren ziehn / Ihr habt uns nicht verdient.«

Aber nicht nur Freunde waren für mich da, auch ein riesiges Patchwork von Menschen, die ich kaum kannte, die aber völlig selbstlos und unkompliziert ihre Hilfe anboten. Katia, eine andere Nachbarin im Erdgeschoss, hat auf einer Party Fotos gemacht. Tine kümmerte sich um das gesamte Design. Mittlerweile gibt es auch Helfer in anderen Städten.

Auch mit den Ökostromanbietern stand und stehe ich in regem Austausch. Wir halten sie immer auf dem Laufenden, wenn Partys stattfinden, und sie unterstützen uns mit Materialien und Beratung. Und Gerd Rosenkranz von der Deutschen Umwelthilfe, eine seit 1975 bestehende bundesweit tätige Umweltorganisation, brachte mich in punkto Vereinsgründung auf die richtige Spur. Der Verein sollte unter anderem auch eine Schutzmaßnahme für mich sein. Mein Bauchgefühl sagte mir, dass ich ein brisantes Thema am Wickel hatte, das mir möglicherweise juristische Probleme bescheren könnte. Solange ich still und im Verborgenen Partys machte, konnte mich keiner belangen. Doch mittlerweile interessierten sich die Medien für mein Projekt, und ich ahnte: Wenn es in der Zeitung steht, wird es gefährlich.

Ich dachte: Mann, Mann, was ist eigentlich mit der Haftung?

Das wird mir langsam zu heiß! Leider sind Rechtsanwälte, mit denen ich dieses Problem besprechen konnte, in meinem Netzwerk eine Rarität. Immerhin kannte Barbara einen, und meine spätere Mit-Vereinsgründerin Friederike wusste von einem Nachbarn, der in ihrer Nähe wohnte.

Beide Juristen rief ich an. Der erste Rechtsanwalt wurde am Telefon völlig blass – das konnte ich durch den Hörer förmlich sehen –, als ich ihm von meinen Partys erzählte. Bei ihm läuteten alle Alarmglocken. Er sagte nur noch: »Haftung, Haftung, Haftung ... um Gottes willen!« Er wollte auf keinen Fall weiter mit dieser »gefährlichen Sache« zu tun haben. In diesem Augenblick merkte ich zum ersten Mal, dass Rechtsanwälte vermutlich nicht genügend Mumm haben, um bei uns mitzumachen. Aber es sollte doch nicht allein kleinen Kuchenbäckerinnen überlassen werden, die Welt zu retten!

Durch Friederikes gute Beziehungen ließ sich immerhin der zweite Rechtsanwalt breitschlagen, mich zu empfangen. So fuhr ich auf meinem Fahrrad in ein tolles Büro, mit Flügeltüren und allem Drum und Dran. Es war ein sehr netter Termin mit ihm und seinem Kollegen. Und sehr typisch: Wenn ich Bettelgespräche führe mit Männern in Anzügen und Krawatten und ihnen von meiner Aktion erzähle, lächeln sie immer wohlwollend. Vielleicht finden sie das Ganze irgendwie amüsant oder süß oder beides. Am Schluss sagen sie dann: »Ach ja, Ihre kleine Weltrettung, das ist so eine sympathische Idee, die müssen wir irgendwie unterstützen ...« So war das bei diesen Rechtsanwälten auch.

Im Laufe des Gesprächs betonten sie, wie ihr furchtsamer Kollege zuvor, die Haftung sei in der Tat die größte Schwierigkeit. Ich müsse sehr aufpassen, niemals die Namen von Standardversorgern, also Atom- und Kohlestromanbietern, zu nennen. Würde ich diesbezüglich verklagt werden, bewege sich die Schadenssumme in schwindelerregenden Höhen.

Ich hatte ein ganz heftiges Bauchgrimmen, als die Herren mir das erzählten. Sie gaben mir zu verstehen, dass ich auch verantwortlich sei für alles, was meine Helfer auf einer Party sagten. Das war eine kalte Dusche. Mein ganzer Enthusiasmus wurde plötzlich von diesen bürokratischen und juristischen Komplikationen ausgebremst, mein Anfangsesprit von Grenzen und Regeln gedämpft. Es kam mir ein bisschen so vor, als ob ich meine Unschuld verloren hätte. Jetzt musste ich plötzlich aufpassen, was ich von mir gab. Die Leichtigkeit und das Spielerische meiner Idee waren ernsthaft bedroht! Nein – sie waren in diesem Moment den Bach runtergegangen und auf Nimmerwiedersehen verschwunden.

Es war aber auch ein interessantes Gespräch. Die beiden Rechtsanwälte, die für große Industrieunternehmen arbeiten, standen meiner Sache sehr positiv gegenüber und sagten, sie würden darüber nachdenken, ob sie mir helfen könnten. Am liebsten hätten sie eine Broschüre mit hübschen Bildern gehabt, die sie dann anderen Krawattenträgern mit wohlwollendem Hinweis in die Hände hätten drücken können – und ich fand mich schon unglaublich professionell, weil ich ihnen eine selbstgebastelte Visitenkarte mitgebracht hatte.

Erschreckend war jedoch die zum Schluss folgende Diskussion. Einer der beiden Anwälte outete sich als totaler Klimazweifler: »Nee, das mit dem Klimakollaps, das halte ich für eine absolute Hysterie. Gerade erst habe ich gelesen, dass man eigentlich den ganzen Regenwald abholzen müsste. Denn viel schlimmer als Kohlendioxid ist doch das Methangas – das entsteht ja, wenn Bäume umfallen und verrotten.« Ich muss ihn angesehen haben wie Jesus, der gerade behauptet hat, er sei eigentlich der Teufel, denn er wiederholte vehement: »Ja, man müsste den Regenwald komplett abholzen und abfackeln, damit kein Methan produziert wird!« Ich dachte: Das muss ein Scherz sein. Es war aber kein Scherz.

Leider ist auch diese »Hilfe« so ausgegangen, dass wir auf unsere Nachfrage per E-Mail keine Antwort erhielten. Und als ich noch einmal persönlich dort auftauchte, scheiterte ich prompt an der Sekretärin.

Alles, was ich von den Anwälten erfahren hatte, hieß für mich: Jetzt musst du sehr, sehr vorsichtig sein und dich mit einem wasserdichten Konstrukt absichern. Sonst gehst du am Ende ins Kittchen, weil irgendein Vorstand bei einem herkömmlichen Stromanbieter schlecht geschlafen hat und einen Sündenbock braucht.

Als mich diese Gedanken wieder einmal sehr beschäftigten, ereignete sich eine lustige Szene. Ich telefonierte mit Eva Stegen von den Elektrizitätswerken Schönau (EWS) und erzählte ihr von meiner Befürchtung, eines Tages von den Stromriesen verklagt zu werden. Daraufhin sagte sie: »Selbst wenn Sie im Knast sitzen, müssen Sie sich keine Sorgen machen. Ich verspreche Ihnen jetzt schon, dass wir Ihnen täglich Ritter-Sport-Schokolade ins Gefängnis schicken.«

Die Firma Ritter produziert nämlich ihre Schokolade mit Ökostrom. Das fanden wir so witzig, dass wir sofort auf unserer Homepage verkündeten: »Falls etwas Schlimmes passiert, die Schokoladenlieferung ins Gefängnis wurde uns schon zugesichert.« Aber so weit sollte es natürlich gar nicht erst kommen.

Glücklicherweise tauchte schließlich im erweiterten Netzwerk doch noch ein engagierter Rechtsanwalt auf. Den hatte ich meiner Mutter zu verdanken, die sich natürlich die allergrößten Sorgen um mich machte. Ich hatte sie eines Tages angerufen, als ich wieder völlig verzweifelt war, und gesagt: »Ich muss ins Gefängnis, weil ich keinen Rechtsanwalt finde!« Daraufhin telefonierte sie sofort mit einem alten Freund der Familie, der beim Patentamt in München gearbeitet hatte und mich, so weit er konnte, beraten wollte. Das beruhigte mich erst einmal.

Gott sei Dank kam dann noch als Mentor Gerd Rosenkranz dazu. Als ich ihn auf das Problem der Haftung ansprach, reagierte er wunderbar: »Wenn irgendwas ist, sag einfach Bescheid«, versprach er, »dann hilft dir unser Rechtsanwalt.« Er stärkte mir den Rücken auch noch mit einem zweiten Argument. So wie er das einschätze, hätte ich inzwischen einen Grad der Berühmtheit erreicht, bei dem man mich nicht mehr so leicht in die Pfanne hauen könne.

Wirklich? Ich war noch etwas ungläubig. »Ja, doch«, versicherte er mir, »dadurch, dass du in der Zeitung warst, bist du nicht nur bekannt, sondern ziehst auch ganz viele Sympathien auf dich. Die Atom- und Kohlestromanbieter hätten eine total schlechte Presse, wenn sie dir etwas antun würden. Sie würden eine Märtyrerfigur aufbauen, und das wollen sie auf keinen Fall.« Wow, dachte ich. Ganz beschwichtigen konnte er mich allerdings nicht, denn es gibt genug andere Methoden, um mich und mein Projekt in Verruf zu bringen. Gerüchte streuen, beispielsweise, meine Glaubwürdigkeit mit einem Skandal untergraben, was weiß ich. Ich gehe immer noch davon aus, dass irgendetwas passieren wird. Nicht frontal, eher hinterrücks.

Man darf nicht vergessen: Die Sache ist inzwischen so groß und so unangenehm für die herkömmliche Stromindustrie geworden – pro Tag kündigen rund 1500 Leute in Deutschland ihren Stromanbieter. Nur ein Teil davon wechselt zwar zu Ökostrom, aber es werden immer mehr.

Bei der EWS Schönau beispielsweise, dem zweitkleinsten Anbieter von grünem Strom, kommen inzwischen pro Monat um die 2000 Leute dazu. LichtBlick hatte Ende 2007 insgesamt 300 000 Kunden – und will jetzt fünftgrößter Stromanbieter in Deutschland werden, direkt nach den vier Atom- und Kohlestromkonzernen EnBW, E.ON, RWE und Vattenfall. Das ist der Wahnsinn.

Ich bin mir völlig bewusst, was ich da mit angezettelt hatte.

Bei meiner Projektarbeit, dieser kleinen Weltrettung, die ich ins Leben gerufen habe, darf man nie seine Gegner unterschätzen, oder besser gesagt: die Kräfte, die auf dem deutschen Energiemarkt am Start sind. Das wäre wirklich leichtsinnig.

Es geht um viel: um Geld, um Macht und natürlich auch ums Image. Die Standardanbieter sehen automatisch alt aus, wenn Ökostrom plötzlich mit einer charmanten Geschichte verbunden wird. Das Ganze ist mittlerweile zu einer Bewegung geworden, weil es dem Bedürfnis nach politisch korrektem Konsum entgegenkommt – und dieser Trend wird anhalten.

Umso wichtiger war es also, mit einem Verein ein Fundament zu schaffen, auf dem ich sicher arbeiten konnte. Doch wie gründet man einen echten deutschen Verein? Keiner von uns hatte irgendwelche Erfahrungen damit, also recherchierten wir drauflos. Erste Regel, die wir in Erfahrung brachten: Wir brauchten für eine solche Gründung sieben Leute.

Neben Barbara, Bempf und mir konnte ich mit Bernhard Schwandt rechnen, der seit Party Nummer zwei als Experte fest im Team war. Außerdem kam Andreas Arens dazu, der Windkraftbetreiber, auch meine Nachbarin Friederike sagte mir, dass sie mitmachen wolle. Meine Freundin Suse schickte mir ihren Mann Peter, vorsichtshalber fragte ich noch einen weiteren Freund, David, ebenfalls ein Orchestermusiker. Damit hatten wir genug Personen zusammen: die glorreichen Sieben.

Aber vor den Erfolg haben die Götter den Schweiß gesetzt. Und der floss erst mal in Strömen. Ich telefonierte mit der Sächsischen Landesregierung, suchte dann die Stadtverwaltung auf, musste schließlich beim Finanzamt antreten und wurde von Pontius zu Pilatus geschickt – doch niemand konnte mir sagen, wie man einen Verein denn nun gründet. Sie hatten nur eine Spezialbroschüre über die Besteuerung von Vereinen parat. Ja, super, dachte ich, beim Eintreiben von Steuergeldern wollte man schnell zur Hand sein, Vereinsgründungen schienen nicht so relevant zu sein.

Hallo? Ich konnte es nicht glauben. Es gibt in Deutschland Tausende von Vereinen, vom Brieftaubenverein bis zum Schrebergartenverein – das ist doch ein etabliertes Format. Schließlich fand ich über das Internet heraus, dass man eine Satzung braucht, und nach und nach suchte ich mir ein paar weitere Gründungsformalitäten zusammen.

Eine weitere Hürde war die Anerkennung der Gemeinnützigkeit. Diese braucht man, um Spendenquittungen ausstellen zu dürfen und Fördergelder zu beantragen. Dafür musste ich wieder aufs Finanzamt. Erst einmal wurde ich von Tür zu Tür komplimentiert, bis ich endlich in einem Büro stand, wo man für gemeinnützige Vereine zuständig war.

Ich atmete auf. Jetzt wird alles gut, freute ich mich. Endlich habe ich die zuständige Stelle gefunden. Ich setzte mich hin und erzählte, was ich vorhabe und was wir machen, Partys, Struktur, Verein – und dachte, na also, jetzt läuft die Sache. Doch die Frau hinter dem Schreibtisch sah mich nur zweifelnd an und sagte: »Schön und gut, aber das ist nicht gemeinnützig.« Ich fiel aus allen Wolken. Statt mich zu beraten, wie ich diese Vereinsgründung zu stemmen hatte, bremste sie mich aus?

Ich hatte sogar einen Zettel mit einer vorläufigen Satzung dabei. Den schnappte sie sich gleich, obwohl es nur ein erster Entwurf war. Und dann kamen auch schon die schmallippigen Kommentare: »Mmmh, nee, da müssen Sie schon noch ... das geht so gar nicht ... da ist eine falsche Formulierung ...«

»Hey«, rief ich, »das ist doch noch gar nicht fertig, ich wollte erst einmal wissen, wie man es macht!« Was bekam ich zu hören? Keine Informationen, keine Unterstützung, einfach nur ein Nein. Es half mir nichts, dass ich immer wieder in normalen Worte erklärte, worum es mir ging. Sie übersetzte alles sofort in ihr staubtrockenes Juristen-Finanzamt-Deutsch – von Beratung keine Spur. Es dauerte etwa eine halbe Stunde, bis ich checkte, dass diese Frau nur Schablonen anlegen konnte. Jeder redete in seiner eigenen Sprache, und leider komplett aneinander vorbei.

Meine Stimmung sank in den Keller. War ich denn völlig schiefgewickelt? Es lag doch auf der Hand, dass mein Konzept gemeinnützig war! Wenn eine ökologisch motivierte Idee, mit der keiner Geld verdiente, nicht gemeinnützig ist, was dann?

Doch es kam noch schlimmer. »Sie machen ja Werbung für Ökostromanbieter«, sagte sie weiter, »das habe ich doch schon in *hallo! Leipzig* gelesen!« Werbung! Hatte die denn gar nichts geschnallt? Hm, oder war Ulla, das Covergirl, doch keine so geschickte Nummer gewesen? So begann ich zu lavieren und zu erklären, was uns von platter Werbung unterschied, und versuchte sie zu beschwichtigen.

Ihre Reaktion: »Sie können schon Werbung machen, aber dann muss Ihr Verein Geld damit verdienen.« Nun war ich völlig perplex und dachte: Wie jetzt? Erst nicht gemeinnützig, dann doch, keine Werbung machen, und wenn, dann aber nur gegen Geld? Systemabsturz. Ich kam mit der Frau nicht weiter. Es ging mir doch gar nicht um Einnahmen und Gewinne. Ich wollte doch nur mein selbstgebackenes Klimaschutzprojekt brav beim deutschen Finanzamt anmelden, damit alles seine Ordnung hatte und ich nicht ins Gefängnis muss. Hätte sie sich eigentlich nicht freuen müssen, wenn so fromme Bürgerinnen bei ihr auflaufen?

Ich war mit meinem Latein fast am Ende und stand kurz davor, einen extremen Staatsbürgerlichkeits-Grundsatzzweifel-Anfall zu bekommen, zumal mir auf meiner einen Schulter der Teufel einflüsterte: »Siehst du, habe ich doch gesagt, hier regieren die Bürokraten. Menschlichkeit und umweltschonende Initiativen? Dass ich nicht lache. Und was willst du überhaupt gründen? Einen Hausfrauen-Kuchenback-Verein? Hahaha.«

Zum Glück übertönte ihn mein Inspirationsengel auf der anderen Schulter. Laut und fröhlich pfiff er: »Super Idee, Mädel. Ja, folge deinem Traum.« Kurz bevor der Teufel vor Lachen den Halt verlor, griff die Finanzamtsdame in ein Regal hinter sich und hielt mir eine Broschüre vor die Nase, mit dem Titel: *Wie man einen Verein gründet.*

Jetzt war ich endgültig durch den Wind. Völlig aufgelöst sagte ich: »Die Broschüre hätte ich vor vier Wochen gebraucht, als ich alle angerufen und danach gefragt habe!« – »Ja«, erwiderte sie gnädig, »da haben Sie Glück, dass ich überhaupt noch eine habe.«

Arrrrrggghhhh! So rückte ich also mit meinen Unterlagen wieder ab, unverrichteter Dinge und mit dem Arbeitsauftrag, diese ersehnte Gebrauchsanweisung Punkt für Punkt durchzuarbeiten. Aber als ich zu Hause die Broschüre aufschlug, gab es dort Amtsdeutsch satt. Was hatte ich mir da für einen Paragrafendschungel eingebrockt.

Kurze Zeit später bekam ich den Tipp, es gebe eine Steuerberatungsgesellschaft, die mir vielleicht beim Thema »gemeinnütziger Verein« weiterhelfen könne, und das Beste dabei, der erste Termin sei umsonst. Oh, super Fügung, dachte ich. Beim Fahrradaufsperren fiel mir auf, dass am Schlüsselbund auch noch mein Vespa-Schlüssel hing. Einen kurzen Moment versuchte ich mich zu erinnern, wann ich das letzte Mal eine Spritztour gemacht hatte.

Doch keine Zeit für Sentimentalitäten ... Der Termin sollte um 18 Uhr stattfinden. Die Steuerberatungsgesellschaft saß in Gohlis, einem Leipziger Villenviertel. Während ich dorthin fuhr, wurden die Häuser immer größer, immer prunkvoller, und dann stand ich vor einer eindrucksvollen Villa mit dem blank gewienerten Schild: »Steuerberatungsgesellschaft«. Klasse.

Ich stellte mein altes Fahrrad mit der Tüte über dem zerrissenen Sitz vor die Tür – das Jugendrad meiner Mutter, das ungefähr fünfzig Jahre auf dem Buckel hat –, strich mir den Rock glatt, den ich eigens für meinen repräsentativen Auftritt angezogen hatte, und ging in die Villa hinein. Ein edler Schuppen war das, Glas über den Doppeltüren, feine Stuckdecken.

Man führte mich in ein gehoben ausgestattetes Besprechungszimmer, und dann kamen die zwei Herren von der Steuerberatungsgesellschaft herein, die total lustig drauf waren. Das war ein ganz anderer Sound als beim Amtsschimmel im Finanzamt, und ich taute auf. Locker und flockig erzählte ich ihnen, was ich vorhatte.

Die zwei Herren waren spitze in ihrem Fach. Sie wussten über alles bestens Bescheid, wie man den Status der Gemeinnützigkeit bekommt, welche Paragrafen es gibt. Das ging nur zack, zack, zack.

»Kein Problem«, sagten sie. »Da schreiben Sie den Brief hin, mit folgendem Inhalt, das müssen Sie umformulieren und dieses derart erklären ...« Und so ging es in einem fort. Ich dachte nur: danke, danke, danke. Ich notierte mir alles, am Ende machten wir aus, dass wir längerfristig zusammenarbeiten würden, sobald der Verein Geld hätte. Sie boten sogar an, dass sie sich den Antrag anschauen würden, wenn ich ihn fertig hätte. Das fand ich supercool. Sie hielten tatsächlich Wort und nahmen noch ein paar kleine Änderungen in dem Text vor, den ich ihnen ein paar Tage später mailte.

So, und nun war wieder das Finanzamt dran. Diesmal waren wir schlauer und schickten einen Mann dorthin. Nachdem Bernhard, Barbara und ich die Satzung vorbereitet hatten – von David noch ein bisschen nachgebessert –, brieften wir Bernhard, damit er den Drachen bezirzte. Eine geballte Ladung Liebreiz für Frau Finanzamt!

Bernhard ließ seinen ganzen Charme spielen, doch als er zurückkam, brachte er eine Hiobsbotschaft mit: Erneut war der Antrag an irgendeiner Formulierung gescheitert.

Sofort rief ich die Steuerberater an und sagte: »Hi Jungs, wir sind wieder am Finanzamt vorbeigeschrammt. Wie konnte das passieren?« Es kamen weitschweifige Erklärungen wie »Ja, das ist manchmal Ermessenssache«, doch dieses Blabla nützte uns nichts. Wir standen immer noch ohne Satzung da, ohne Bewilligung, ohne Verein. So mussten wir das Ganze für eine Weile auf Eis legen, denn die nächste Party stand bevor.

Insgesamt hat die Vereinsgründung von Juni bis November gedauert. Am 22. November 2007 fand die Unterzeichnung der letzten Satzungsfassung statt, die wir über dreitausend Ecken endlich durchbekommen hatten. Jetzt war der Verein »Weltverbesserung sofort und hausgemacht e.V.« in trockenen Tüchern. Offiziell bin ich seitdem der Vorstand des Vereins, Barbara ist Kassenwart und Bernhard Schwandt Schriftführer. Wie das klingt! Ob wir uns Krawatten und Kostümchen kaufen sollen?

Da sich die Ereignisse immerzu überschlugen, merkten wir erst spät, dass wir einen Namen für das Ding brauchten. Es gab dann die schönsten, verrücktesten und seltsamsten Vorschläge. Manche warfen Kunstnamen wie »Esmeralda« in die Runde, »Zukunftsretter«, »Ökostromparty Verein«, oder »Kulturstrom«. Doch nichts passte wirklich. Wichtig war, dass der Name auch zukünftige Aktionen tragen konnte, schließlich wollte ich nicht bei meiner nächsten gute Idee wieder diesen bürokratischen Spießrutenlauf absolvieren. Ich sagte: »Leute, lasst uns den Verein so nennen, dass draufsteht, was drin ist – *what you see is what you get*!« Und das war dann »Weltverbesserung sofort und hausgemacht«. Dieser Slogan war mir eingefallen, als ich die ersten drei Partys organisierte. Ich musste ja viele Leute anrufen, die Experten, die Helfer, die Presse. Und immer musste ich möglichst kurz und möglichst schnell erklären, worum es ging. Das war ziemlich schwierig, weil es ein Projekt wie die Stromwechselpartys vorher noch nie gegeben hatte. Ich konnte leider nicht sagen: »Das ist jetzt ein Klavierkonzert von Frau Müller, und Frau Huber hat vorher schon dasselbe gespielt.« Stattdessen hatte ich etwas total Neues erfunden und befand mich ständig in Erklärungsnot.

Irgendwann hatte ich dann einen Satz ausgetüftelt, der auf der Stelle verstanden wurde und den ich auch für die Handzetteleinladungen verwendete: »Über Klimaschutz wurde genug geredet, jetzt ist Zeit für Taten! Meine Idee ist ›Weltverbesserung sofort und hausgemacht‹.« Wer das hörte oder las, wusste ohne große Erklärungen, dass es um eine ehrenamtliche Idee und um etwas komplett Neues ging, was eben nicht von einer Firma kam, sondern selbstgemacht war. Außerdem klang es auch ein bisschen lustig, nicht so verbissen oder öko-altbacken.

Auf die Idee gebracht hatte mich der *taz*-Artikel mit dem schönen Titel: »Weltrettung in Leipzig.« Wir fanden das total abgefahren. Erst lachten wir darüber, dann benutzten wir die Formulierung, weil sie uns so gut gefiel: Fortan unterschrieben wir unsere E-Mails ganz großspurig, aber auch etwas selbstironisch mit »Weltrettungszentrale Leipzig«. Barbara wählte auch die Formulierung »Weltrettungssekretariat Leipzig«. Es war ein Joke, aber einer, der passte. Denn unser Küchen-Kind wuchs nun schneller, als wir Kleider kaufen konnten.

Ein bisschen Humor tat der Sache ohnehin gut, weil Öko meist ein furchtbar unattraktives Image hat. Oft heißt es: »Ökos sind Spaßverderber, schlecht drauf und verbittert, sie sind Luschis und Looser. Außerdem predigen sie dauernd Enthaltsamkeit und machen anderen ein schlechtes Gewissen, wenn die sich mal was gönnen. Das sind die, die zum Lachen in den Keller gehen.«

Aber zurück zur Vereinsgründung. Obwohl wir jetzt dem erlauchten Club der Taubenzüchter und Schrebergärtner angehören, müssen wir nach wie vor um unsere Existenz kämpfen: Noch immer muss ich alle Ausgaben privat vorstrecken und bin darauf angewiesen, dass ich ehrenamtliche Helfer finde. Es gibt unglaublich gutwillige Unterstützer – wie beispielsweise einen Copyshop in Leipzig, der mit Ökostrom betrieben wird und uns schon mal Plakate gespendet hat.

Solche Aktionen sind natürlich klasse, aber sie sind leider nicht die Regel. Es ist ein schwieriger Weg, alles auf solide finanzielle Füße zu stellen. Gleichzeitig aber muss ich meine Miete zahlen – unter einer Brücke kann ich schlecht die Weltrettung organisieren. Und DSL gibt es da erst recht nicht.

Nach vielem Hin und Her und langwierigen »Wie-machen-wir-das-Gesprächen« mit Barbara tüftelten wir aus, dass wir am besten eine Mischfinanzierung angehen sollten, über private Spenden und Sponsoren. Ideal wäre es natürlich, wenn die Spenden von entsprechend engagierten Unternehmen kommen, die also beispielsweise erneuerbare Energien produzieren.

Der Grat, auf dem wir uns bewegen, ist schmal. Es gab zum Beispiel heftige Diskussionen bei uns in der Helfertruppe und im Verein, als wir von den Organisatoren des Wettbewerbs »365 Orte im Land der Ideen« zur Teilnahme aufgefordert wurden. Das ist ein Wettbewerb der Bundesregierung in Kooperation mit der Deutschen Bank.

Barbara sagte spontan: »Die Deutsche Bank? Damit will ich nichts zu tun haben! Ulla, wir können das nicht machen. Das widerspricht völlig unseren Werten und Zielen!« Erst einmal waren wir alle still, dann hielt ich dagegen: »Aber wir brauchen das Geld, wir brauchen Sponsoren, sonst können wir nicht weitermachen!«

Also bewarben wir uns bei dieser Initiative – und wurden auch sofort ausgewählt. Richtig glücklich war auch ich nicht damit. Ich weiß nicht, ob ich stolz darauf sein darf, in einem Buch mit 364 anderen Ideen zu erscheinen, die von einem nicht wirklich ökologischen Flaggschiff unterstützt werden. Und eine

Sponsorenunterstützung bekam man auch nicht, sondern einzig eine Plakette um den Hals gehängt. Leider hatte ich die Rechnung ohne den Wirt gemacht.

Das wird immer ein Balanceakt sein: Geld anzunehmen und dennoch unabhängig zu bleiben. Allen Versuchen zu widerstehen, dass andere sich mit uns schmücken, und sei es nur ein Eiscremehersteller. Von einem solchen hatte ich tatsächlich einen Anruf bekommen. Mit seinem »klimaneutralen« Eis wollte er uns aber nicht unterstützen, sondern die Party nur als Werbeplattform benutzen. Dazu kam, dass das Eis in Holland produziert wurde, da esse ich lieber das regionale Eis von Herrn Eugen bei mir um die Ecke, der es mit Ökostrom herstellt.

Was mir wichtig ist: Wir bleiben unseren Werten treu, darauf können sich die Leute verlassen.

Inzwischen sehe ich mich als Brücke zwischen dem Wissen der etablierten Naturschutz- und Umweltschutzbewegung und den ganz normalen Leuten. Es hat sich viel verändert in den letzten zwanzig Jahren. Die Menschen sind heute schwerer zu erreichen, weil nur noch wenige in Parteien oder Verbänden organisiert sind. Nichtsdestotrotz muss die Welt gerettet werden! Das persönliche Engagement und auch die Bereitschaft, sich in einem Verein ins Zeug zu legen, sinkt. Dennoch: Klimaschutz ist dank Ökostrom für jeden umsetzbar – ich glaube, wer jemals auf einer meiner Partys war, hat das sofort begriffen.

6 *Überlandleitung*
TOURNEESTART IN LEIPZIG

Nie werde ich unsere leicht größenwahnsinnige Pressemitteilung vor der vierten Party vergessen: »Die Ökostrom-Wechselparty geht jetzt wegen des durchschlagenden Erfolgs und wegen der unzähligen Nachfragen aus der ganzen Bundesrepublik auf Tournee. Der fulminante Auftakt wird im Juni in Leipzig stattfinden, dann folgen im Juli München und Düsseldorf.«

Inzwischen war ich richtig in Fahrt gekommen. Irgendwie war das cool, wie meine Wohnzimmeridee scheinbar zum Kult wurde, und ich dachte mir: Na gut, jetzt will ich's wissen. »Nicht kleckern, sondern klotzen«, war das Motto. Oder waren wir drauf und dran, uns mächtig zu verheben? Barbara war der Ruhm noch nicht so zu Kopf gestiegen wie mir. Ihr kamen Zweifel, als sie den Pressetext las. »Ulla, wie wollen wir das schaffen? Leipzig im Juni, in München findet die Party am 7. Juli statt, Düsseldorf gleich hinterher am 20. Juli, wie soll das denn gehen?«

»Du hast recht, das ist eigentlich unmöglich, doch ich weiß: Wir schaffen das«, beschwor ich sie. »Wer, wenn nicht wir? Erst mal machen wir die Leipziger Party für den 17. Juni klar, dann sehen wir weiter. Inzwischen sind wir einfach unschlagbar, und schau mal, wir profitieren schließlich auch von der Erfahrung der letzten Veranstaltungen.«

So einfach, wie sich das anhörte, war es aber auch wieder nicht. Die Juni-Veranstaltung sollte die erste richtige Mega-

Ökostrom-Wechselparty sein. Das immer größere Interesse hatte meinen Kampfgeist geweckt. Jetzt wollte ich so richtig beweisen, was möglich ist, wenn man Ökostrom-Kuchen backt! Es hatte sich nämlich mittlerweile ein weiteres MDR-Fernsehteam angekündigt. Ich nahm mir vor: Wenn jetzt das Fernsehen kommt, muss es ganz schön krachen! Also rein ins Getümmel.

Wieder organisierten wir drauflos: Location finden, Experten, Helfer instruieren und zusätzliches Kulturprogramm. Die Suche nach einem guten Veranstaltungsort erwies sich als besonders schwierig, weil die Party im Juni stattfinden sollte, im Sommer also, und wir unbedingt auch einen Außenbereich brauchten.

Barbara sagte wieder und wieder: »Ulla, wir können im Sommer keine Party machen, wenn wir für die Familien mit Kindern keinen Auslauf haben. Die Kleinen müssen sich draußen bewegen können, wir brauchen zumindest einen Hof, einen Sandkasten, irgendwas!« Sie hatte recht, ich sah es ein. Aber wo bloß gab es solch einen Ort?

Wir kratzten uns schon leicht ratlos die Köpfe, als mir ein rettender Zufall zu Hilfe kam. Meine beiden kleinen Nichten Miriam und Mirecila waren gerade zu Besuch in Leipzig, als ich mit unserem Experten Bernhard Schwandt telefonierte. »Heute ist bei uns Hoffest«, erzählte er. »Wir machen ein Lagerfeuer samt Kinderhexentanz – willst du nicht mit den beiden Mädchen vorbeikommen? Meine Kinder sind auch da!«

Nette Abendaktion, dachte ich, da fahr ich hin! Ich lieh mir von Barbara einen Fahrradanhänger, setzte Miriam und Mirecila hinein und düste in die Südvorstadt. Meine Nichten waren natürlich ganz scharf auf das Hexenfeuer und den Hofspielplatz. Wir waren kaum angekommen, als sie auch schon am Seil des Kletterbaums hingen. Ich plauschte derweil mit Bernhard, andere Leute traten dazu, und wie es so ist auf einem Hoffest – man stellt sich einander vor. Bernhard sagte immer: »Das ist die mit den Ökostrompartys!« Auf diese Weise lernte ich dann Katrin und Sven kennen. Schnell stellte sich heraus, dass sie beide bei der »Feinkost-Genossenschaft« arbeiten. Das ist in Leipzig eine Kulturinstitution oder, wie manche sagen, »das Herz der Südvorstadt«.

Dieses Areal erstreckt sich rund um einen Innenhof, der an die »Karli« oder auch »die Meile« grenzt, wie die Karl-Liebknecht-Straße in Leipzig genannt wird. Sie liegt im Bermuda-Dreieck, da, wo alle Studenten wohnen wollen. Es gibt eine Kneipe neben der anderen, dazwischen klasse Läden. Die Atmosphäre ist sehr kiezig, auch viele Kultur- und Kunstschaffende leben dort. Vielleicht kann man die Gegend am ehesten mit Berlin-Kreuzberg vergleichen.

Die Feinkost-Genossenschaft ist eine alte Dosenfabrik, in die nach und nach alternative Läden, Cafés und Künstlerateliers gezogen sind. Es gibt eine Fahrradwerkstatt mit dem schönen Namen »Rücktritt«, einen alternativen Computerladen mit dem nicht minder sinnigen Namen »Absturz«, die »Kräuterhexe« und »Miss Hippie«, einen abgefahrenen Kleiderladen, der in der Szene berühmt ist. Dort erhält man sehr spezielle Klamotten, ein bisschen Öko-Rock, ein bisschen Britpop – und die Leipziger Gothic-Szene deckt sich dort mit schwarzen Mänteln ein.

Zum Feinkost-Gelände kommt man, indem man durch eine Toreinfahrt fährt. Sofort danach landet man in einem verwinkelten Innenhof. Als Erstes sieht man Stahlkunstwerke, dann ein kleines Gärtchen, hier ein Häuschen in Orange, dort die alten Sicherungskästen. Das Ganze ist ein riesiges, fast verwunschenes Gelände mit unendlich viel Platz, leider total marode, aber mit dem wildromantischen Charme verlassener Fabrikanlagen. Ziemlich verfallen ist es, weil die Besitzverhältnisse lange ungeklärt waren und deshalb wenig Reparaturen ausgeführt wurden. Katrin ist Geschäftsführerin dieser Einrichtung, und ihr Mann Sven ist Chef des Computerladens »Absturz«.

Mit Katrin und Sven verstand ich mich auf Anhieb. Natürlich erzählte ich ihnen auch von den Partys und erkundigte mich bei der Gelegenheit, ob nicht vielleicht die Feinkost-Genossenschaft als Veranstaltungsort infrage käme. Die beiden fanden die Idee super und sagten: »Wenn wir helfen können, dann tun wir das!«

Wir tauschten unsere Telefonnummern aus und verabredeten uns für die darauffolgende Woche. Dann ging alles turboschnell: Ich radelte zum Mittagessen aufs Feinkost-Gelände, schaute mir alles an – und schon war das Ding eingetütet. Katrin und Sven sagten einfach nur: »Gebongt!« Ein Stein fiel mir vom Herzen. Auf der Stelle rief ich Barbara an: »Juhuuh, wir haben eine Location mit Außenanlage, alles klasse!«

Doch ich hatte nicht nur eine Location: Ich hatte auch die besten Helfer, die ich mir vorstellen konnte. Die beiden von der Genossenschaft hängten sich von nun an unglaublich in unsere Sache rein. Sie halfen mir bei der Kinderbetreuung, sie organisierten das komplette Catering, sie übernahmen die Technik und den Aufbau.

Ein paar Tage später rieb ich mir die Augen, weil ich es kaum glauben konnte: Wir hatten eine Bar, einen DJ und einen Sandkasten, der sogar noch extra vorher bemalt wurde. Es war einfach zum Niederknien! Katrin und Bernhard Schwandt karrten dazu große Pappschachteln heran, aus denen man eine Null-Energie-Pappstadt bauen konnte. Was für ein Kinderprogramm! Sandkasten, Null-Energie-Pappstadt, Kinderschminken. Hammer!

Natürlich aktivierte ich auch wieder meine bewährten Helfer, die nach drei anstrengenden Partys hörbar aufstöhnten. Diesmal war jedoch vieles leichter, weil ich in dem Feinkost-Team großartige Partner hatte. Eines jedoch fehlte mir noch zu meinem Glück: Ich brauchte nicht nur ein Kinderprogramm, ich wollte auch etwas für die Erwachsenen, eine Art Kulturprogramm. Aber was? Mit fielen meine Freunde ein, die Orchestermusiker – vielleicht hatten die ja Lust?

»He, könnt ihr nicht bei unserer Ökostrom-Wechselparty spielen und nebenbei die Welt retten?«, fragte ich einige Musiker. Es klappte! Die Leipzig Chamber Brass, ein Blechbläserquintett, mit dem ich gut befreundet bin, sagte zu. Das Gute daran war: Sie brauchten keine komplizierte Technik, nahmen nur ihre Notenständer mit, setzten an und spielten. Und die Gage? »Für dich machen wir es umsonst!«, war die Antwort. Ich wusste das sehr zu schätzen, denn alle fünf Mitglieder dieses Ensembles sind erstklassige Musiker. Augenzwinkernd fügten sie hinzu: »Wir machen Musik mit reiner Windenergie, verbrauchen also keinen Strom, das passt doch bestens!«

Was für eine Party! Aus meiner Wohnzimmeridee war ein ganzes Veranstaltungskonzept geworden! Oder, wie es ein Journalist später beschrieb, ein buntes themenbezogenes Familienereignis.

Um das Expertenteam abzurunden, sollte diesmal jemand von den Grünen dabei sein. Wenn es schon so offiziell wurde, dann aber auch richtig, und verstecken musste ich mich mit meinem Event nun wirklich nicht. Also griff ich wieder mal zum Hörer: »Ja, guten Tag, hier ist Ulla Gahn, ja, die mit den Ökostrom-Wechselpartys. Ich bräuchte einen Experten oder jemanden, der richtig was drauf hat in Bezug auf erneuerbare Energien. Könnt ihr mir jemanden schicken? Oder habt ihr einen Tipp?« Man versprach mir, dass sie sich melden würden.

Lange hörte ich nichts von ihnen. Dann, kurz vor der Party, rief mich plötzlich doch noch einer von den Leipziger Grünen an: »Der Herr Bütikofer kommt.«

»Lustig«, sagte ich. »Da gibt's also bei den sächsischen Grünen einen, der genauso heißt wie der Bundesvorsitzende? Echt witzig.«

Kurzes, verwirrtes Schweigen am anderen Ende der Leitung, dann: »Nein, das ist kein anderer. DER Bütikofer kommt!«

»Hey, wie jetzt?« Ich war erst völlig perplex, dann hocherfreut, am Ende doch etwas skeptisch. So viel Prominenz auf meiner kleinen Party, da war plötzlich eine Menge Sahne auf einem kleinen Kuchen gelandet – vorausgesetzt, die Sahne würde überhaupt erscheinen. Ich glaube es erst, wenn ich es sehe, dachte ich.

Nun begann ich damit, alle einschlägigen Verbände abzuklappern, den Naturschutzverband, die lokalen Ökogruppen, die Interessierten von der Uni. Auch die Ökostromanbieter informierte ich, und die staunten nicht schlecht über meine Neuigkeiten: »Es wird eine deutschlandweite Tournee geben, drei Städte sind bisher geplant, ich möchte Sie gern einladen, persönlich dabei zu sein!«

Na, das hatte schon eine umwerfende Wucht, und die Reaktion ließ nicht lange auf sich warten: Die Chefs kamen selbst: Martin Halm, einer der Geschäftsführer der EWS Schönau, Gero Lücking, Bereichsleiter Energiewirtschaft LichtBlick; Greenpeace Energy schickte Corinna Hölzel, die im Bereich Kommunikation tätig ist, die Naturstrom AG kündigte ihren Vorstand Thomas Banning an.

Sobald die VIPs zugesagt hatten, schrieb ich eine neue Pressemitteilung. Darin sprach ich hochtrabend und mit stolzgeschwellter Brust vom »Gipfel der erneuerbaren Energien in Leipzig«, den ich organisieren würde – ich hatte es gerade nicht kleiner. Immerhin kamen Reinhard Bütikofer als politischer Experte und die versammelte Chefetage der deutschen Ökostromindustrie. Das konnte sich sehen lassen!

Mädel, jetzt hast du die Latte aber ganz schön hoch gelegt, ermahnte ich mich immer, sieh zu, dass alles wie am Schnürchen läuft. Und hoffentlich spielt das Wetter mit! Und hoffentlich kommen genug Leute! Und hoffentlich sind die Helfer zuverlässig! Es war das Gleiche wie vor jeder Party, ein Schuss Respekt vor der eigenen Courage ließ mir regelmäßig vor Beginn die Knie zittrig werden.

Dann war es so weit. Der große Tag, der 17. Juni 2007, war da. Mit Bangen sah ich mir den Himmel an: Es regnete nicht, immerhin. Wir hatten mit der Feinkost-Location zwar einen Open-Air-Platz und konnten im Notfall im »Absturz«-Computergeschäft und im Café unterkommen, doch das Dach, unter dem draußen alles aufgebaut war, hatte Löcher. Große Löcher. Gut, darunter stand eine ebenfalls überdachte Beachbar mit Bastschirmen, wo man Kaffee und Kuchen servieren konnte, doch bei Regen würde es bald durchtropfen.

Glücklicherweise hatten wir bestes »Mittelwetter«: Es war angenehm warm und trocken am Partytag, und auch später am Nachmittag tropfte nicht das kleinste bisschen Regen durchs Dach. In meinem Kopf ratterte der Ablaufplan. Um zehn Uhr morgens sollte der Aufbau beginnen, und pünktlich um halb zehn stand Bempf auch mit seiner »Energieschleuder« vor meiner Tür. Wir luden den Kuchen ein, fuhren auf den Feinkost-Hof, luden alles aus – und er parkte das Auto wieder etwas weiter entfernt.

In den beiden Kelleretagen der Feinkost suchten Barbara und ich nach Stühlen und Tischen, die wir aufstellten, dann richteten wir unsere obligatorische Zeitungswand ein. Es gab wiederum einen Infotisch mit Broschüren zum Mitnehmen, etwa Energietipps vom Umweltamt, die Anbieter hatten ihre Tische aufgebaut, und die Experten standen in den Startlöchern – unter anderem der extra angereiste Geschäftsführer des Münchner Umweltvereins Green City.

Als besondere Kinderbespaßung tauchte auch der Fahrer des Solarautos von der dritten Party auf und bot an, Probefahrten mit seinem Elektroauto für Kinder zu veranstalten. Großes

Hallo! Er fuhr mit den Kids später zwar immer nur im Kreis, aber es dennoch war eine Riesenattraktion – wer hatte denn schon zuvor in einem Solarmobil gesessen?

Ich wusste kaum, wo mir der Kopf stand. Alles war so groß geworden, die anderen Partys waren dagegen gemütliche kleine Familientreffen gewesen. Um 15 Uhr sollte es losgehen, aber eine Stunde vorher sagte jemand: »Wir brauchen eine Bühne, wenn Bütikofer kommt!« – »Eine Bühne?«, wiederholte ich. »Wieso das denn?«

Doch im Grunde stimmte es, wir benötigten tatsächlich eine Bühne, um die geballte Prominenz auch angemessen zu präsentieren. Aber woher sollten wir die so schnell zaubern? Während ich noch überlegte, hatten Sven und seine Helfer schon angefangen, Europaletten übereinanderzustapeln. Aus irgendeinem Keller holten sie schließlich einen alten Teppich und legten ihn darüber. Gar nicht schlecht – plötzlich besaßen wir eine Bühne.

Dummerweise befand sie sich vor dem Laden mit den Namen »Kräuterhexe«. »Hey, wir müssen das ›Kräuterhexe‹-Plakat abnehmen«, sagte ich, aber das war fest an der Mauer angebracht. So musste ich hoffen, dass niemand auf die Idee kam, einen Experten oder einen aus unserem Team direkt vor dem Schild »Kräuterhexe« abzulichten. Leider hatten wir kein Ökostrom-Wechselparty-Banner, womit wir es hätten verhängen können. Mit unserem Budget ein unerreichbarer Traum.

Ein anderer sagte: »Wir müssen die Eingänge irgendwie abriegeln, damit die Kinder nicht einfach auf die Straße laufen. Die Karli ist stark befahren, das könnte gefährlich werden.« Also machten wir nun in Windeseile die Hofeinfahrt kindersicher.

Wieder lag die Gästeliste aus, mit dem Vermerk, dass alle Angaben ohne Gewähr seien. Zu guter Letzt fiel uns noch auf, dass die Toiletten nicht beschildert waren. Oha, dachte ich, wenn hundert Leute gleichzeitig nach dem Klo fragen, fliegt die

Party auseinander. Gott sei Dank kann Bernhard Schwandt nicht nur Strom erklären, sondern auch mit einem Akku-Bohrschrauber umgehen. Zügig spaxte er entsprechende Kloschilder an die Wand.

Aufgeregt lief ich hin und her. Im »Absturz«-Laden waren drei Computerstationen hergerichtet, auf die die Jungs die Preisrechner gespielt hatten. Man konnte dort auch unsere Homepage erstmals anklicken – eine Premiere. Alles war am Start, ich musste mich nur noch schnell duschen, weil ich vom Aufbau ziemlich dreckig war. Auch das hatte ich vorbereitet, hatte mein kariertes Kleid in der Tasche und radelte mit Barbaras Fahrrad in ihre Wohnung, die nicht weit entfernt lag, zum schnellen Boxenstopp plus Aufhübschen. Jetzt, wo das Fernsehen auch kommen wollte, erschien es mir angebracht, meine Outfits etwas gewissenhafter auszuwählen, nicht nach der üblichen Devise: »Oberstes T-Shirt vom Stapel nehmen, anziehen und los.« Böse Zungen behaupteten später allerdings, mein Kleidchen wäre nicht so der Bringer gewesen, ich hätte doch besser den Kleidungsberater wechseln sollen und nicht den Stromanbieter.

Pünktlich um drei trudelten die ersten Partybesucher ein, anfangs einzeln, dann in Gruppen, schließlich in einem Strom, der gar nicht mehr abriss: Familien mit Kinderwagen, Nachbarn aus dem Viertel, Rentnerpaare, Studenten, Singles, Alternative und Schicke, die ganze Palette. Die Kinder tollten herum, einige Erwachsene setzten sich mit Kaffee und Kuchen an die Tische, andere belagerten die Infostände – das alles startete von null auf hundert. Es war so cool! Und ich war wahnsinnig glücklich. Das ganze Menü, das ich in wochenlanger Kleinarbeit vorbereitet hatte und jetzt auftischte, sah super aus, schmeckte vorzüglich und wurde freudigst angenommen.

Während des *roll in* trug ein alternativer Schriftsteller aus Leipzig ein Ökostrom-Gedicht vor, dann spielte das Windkraft-

Blechbläserquintett. Die Atmosphäre war herrlich, ein total friedliches Weltverbesserungs-Happening.

Alle meine Antennen waren aufgestellt, damit ich keine dieser kostbaren Sekunden verpasste. Immer wieder hielt ich inne und ließ den Blick über diese wunderbar entspannte Ökoparty schweifen, die noch vor ein paar Wochen nichts weiter als eine Idee gewesen war. Diese glücklichen Augenblicke währten leider selten lange, denn im nächsten Moment musste ich schon wieder die Oberorganisatorin spielen, deren Augen, Hände und Entschlusskraft an drei verschiedenen Orten gleichzeitig gebraucht wurden. Dass ich überhaupt den Rücken einigermaßen frei hatte, das hatte ich im Wesentlichen Barbara zu verdanken. Wochenlang hatte sie Hintergrundarbeit geleistet und brachte an diesem Nachmittag das Kunststück fertig, Stagemanagerin, persönliche Assistentin, mobiles Sekretariat und Zeremonienmeisterin in Personalunion zu sein.

Nun wurde es Zeit für meine Begrüßungsrede – aus der Erfahrung im Bürgerverein hatte ich gelernt, dass ein »Herzliches Willkommen« nicht reichte, also hielt ich einen kleinen Vortrag über Ökostrom im Allgemeinen und den Stromwechsel im Besonderen – und appellierte an die Gäste, sich einen Wechsel nicht nur vorzunehmen, sondern auch gleich in die Tat umzusetzen.

Inzwischen hatte ich gelernt: Eine gute deutsche Tugend ist es, erst gründlich zu prüfen, bevor man sich entscheidet. Bei Ehepartnern, Haarfrisuren und anderen langfristigen Entscheidungen macht das Sinn. Beim Ökostrom werde ich aber den Verdacht nicht los, dass das oft geäußerte Argument: »O nee, da weiß ich nicht, was ich machen soll, da kenn ich mich nicht aus; ich habe noch zu wenig Informationen, kann also noch nicht wechseln« doch eher ein Vorwand ist.

Ich glaube, dass man bei manchen Dingen einfach auch mal mehr Mut als Verstand haben muss. Ich selbst weiß auch lieber im Vorfeld möglichst genau Bescheid, was auf mich zukommt. Aber irgendwann war mir klar: Bei Ökostrom ist eine Richtungsentscheidung fällig, auch wenn ich in Sachen Strommarkt noch nicht alles bis ins Detail ergründet habe. Noch weiß ich nicht genau, wie sich dieser von mir eingeschlagene Weg entwickelt wird, trotzdem bin ich zufrieden mit meiner »Bauchentscheidung«. Vielleicht bin ich in einigen Jahren schon im Eneuerbare-Energien-Elysium, während andere noch zweifelnd auf ihrer Couch sitzen.

Der auf meinen Ökostromparty geäußerte Appell zum Wechseln ist kein Aufruf zu Leichtsinn, nein, es ist ein Aufruf zu Mut, zu persönlichem Mut. Denn manchmal ist es größerer Leichtsinn nichts zu tun, als etwas scheinbar Waghalsiges anzugehen.

Inzwischen war auch Herr Bütikofer eingetroffen, der vorher noch an einem Benefiz-Picknick für die Leipziger Stadtbücherei teilgenommen hatte. Schön medientauglich kam er auf einem Tandemfahrrad angeradelt, im Anzug und mit wehender Krawatte. Alle Kameras stürzten sich gleich auf ihn. Sie waren auch auf ihn gerichtet, als er mir auf der Bühne Rede und Antwort stand: »Herr Bütikofer, wie ist das denn jetzt mit der Verantwortung der Politik?«, wollte ich wissen. »Sollte eine Aktion wie diese nicht offiziell unterstützt werden? Vielleicht von Ihnen?« Alle warteten gespannt auf seine Antwort.

Nach einer nachdenklichen Pause druckste er herum: »Also, mir als kleinem Parteipolitiker sind natürlich die Hände gebunden.« Er stapelte erst einmal tief, aber damit wollte ich mich nicht zufriedengeben. Was nützte mir schon ein freundlicher Händedruck? Er konnte ja schließlich auch sagen: »Das Ding ist so gut, da lege ich doch mal ein paar Euronen auf den Tisch.«

Ich dachte: Was Anne Will kann, das kann ich schon lange. Also hob ich nonchalant eine Augenbraue und bohrte nach, um ein aussagekräftiges Statement aus ihm herauszuholen. Es interessierte mich brennend, gerade zum Auftakt der Tournee, ob meine Arbeit vielleicht einmal Früchte tragen würde. Und ob es einen Ausweg gäbe aus dieser chronisch werdenden Finanzmisere.

Doch wieder kam nur eine Politiker-Ausweichantwort, so etwas wie: Natürlich sei das hier grandios, er selbst jedoch könne wenig ausrichten. Aber es sei ganz wichtig für die Grünen in Berlin, dass es eine Unterstützung für ihre Politik aus der Bevölkerung gebe, solche Aktionen bestätigten ihn in seinem Kurs.

Wie bitte? Ich war sprachlos. Verkehrte Welt! Da hatte ja wohl gerade jemand das Huhn mit dem Ei verwechselt. Nicht die Bevölkerung unterstützte seine Politik, sondern ich hatte eine Aktion erfunden und erhoffte mir seine Unterstützung dafür! So herum war es richtig, fand ich.

Noch Tage später habe ich über dieses Statement nachgedacht und mich gewundert und auch geärgert, wie geschickt es Politiker doch häufig anstellen, alles komplett umzudrehen. Sicher, er hatte in seinem Statement meinen ehrenamtlichen Einsatz honoriert, aber auf der anderen Seite hatte er nichts gesagt, was irgendeine konkrete Unterstützung bedeutet hätte. Stattdessen hatte er nach meiner Wahrnehmung alles so dargestellt, als sei meine Ökostrom-Wechselparty eine Ergänzung seiner Arbeit.

Nachträglich gesehen weiß ich seinen Einsatz sehr zu schätzen. In meinem jugendlichen Aktivismus konnte ich allerdings anfangs nicht viel mit dem Berliner Politikstil anfangen. Aber er hatte sich die Mühe gemacht, persönlich auf der Party vorbeizuschauen, später bot er sogar an, Sponsoren für uns zu suchen. Das war wirklich klasse von ihm!

Nach dem Interview mit Herrn Bütikofer stellte ich die verschiedenen Ökostromfirmen vor, erläuterte, was sie konkret tun und wie sie sich unterscheiden. Zum Beispiel sagte ich: »Die

Elektrizitätswerke Schönau sind aus dem Schwarzwald, Sie wissen schon, die ›Stromrebellen‹, die ihr Netz selbst gekauft haben. Und dies hier ist LichtBlick, das sind die Großen aus Hamburg, die kennen Sie sicher aus der Werbung. LichtBlick hat in vielen Städten sogar schon Filialen. Und dann ist da Greenpeace Energy, eine Stromgenossenschaft, die die Atomstromer mit ihrer Transparenz ziemlich beschämt, und schließlich ist noch Herr Banning von der Naturstrom AG gekommen. Er kann Ihnen wohl ziemlich alles sagen, was es über Ökostrom in Deutschland zu wissen gibt, denn er ist von Anfang an dabei.«

Ich glaube, dass es entscheidend ist, die Personen zu sehen, die Ökostrom anbieten. Wenn man jemanden über sein Unternehmen, das er vertritt, erzählen hört, erhält man ein Gefühl dafür, wie er drauf ist und ob einem der Anbieter sympathisch ist oder nicht. Die Tatsache, dass man sich auf den Partys ein Bild von der Persönlichkeit des jeweiligen Ökostromvertreters machen konnte, kam sehr gut an. Die Leute sahen: Aha, das also ist der Geschäftsführer, das ist nicht irgendein Manager-Fuzzi, der nicht greifbar ist. Ich glaube, dass dieser direkte Kontakt sowohl zu Experten als auch zu Anbietern den Wechsel erleichtert. Das macht selbst Strom fühl- und erfahrbar. Ich weiß dies aus eigener Erfahrung. Ich hatte ja auch erst bei allen vier Firmen angerufen, bevor ich meine Entscheidung traf, wollte wissen, wie die arbeiten.

Im Laufe meiner Party habe ich immer wieder feststellen können, dass sich die Leute meist aus persönlichen Gründen für den einen oder anderen Anbieter ganz bewusst entschließen – wobei jeder der Ökostromanbieter nach der Veranstaltung ungefähr gleich viele Neukunden aufweisen kann. Auf keiner Party war es so, dass einer alles abräumte. Der eine Kunde möchte lieber Solarstrom, dem anderen gefällt es, wenn eine Firma genossenschaftlich organisiert ist, dem dritten ist die Hintergrundgeschichte sympathisch.

So ein Stromwechsel ist eine extrem emotionale Angelegenheit. Das klingt vielleicht seltsam, denn Strom ist ja an sich keine sehr sinnliche Sache, man kann ihn nicht sehen, nicht fühlen, nicht riechen. Und doch ist Strom natürlich für jeden enorm wichtig – vor allem, was die Versorgungssicherheit betrifft. Schon die Vorstellung, dass einem vielleicht die Lichter ausgehen könnten, weil Ökostrom angeblich nur in knappen Mengen vorhanden ist, bestimmt die Gefühlslage auf den Partys enorm.

Immer wieder bin ich mit dem Vorurteil konfrontiert, das von den Medien fälschlicherweise verbreitet und hochgeschaukelt wird: Wir bräuchten dringend Atomstrom, weil andere Energiequellen nicht sicher seien. Dieser Unsinn geht auf die Lobby der herkömmlichen Anbieter zurück, die gekonnt mit den Ängsten der Leute spielen.

Das ist aber völliger Quatsch. Er gibt im europäischen Netz bereits heute mehr Ökostrom als nachgefragt wird. Und die Ressourcen, aus denen dieser Biostrom gemacht wird, eben Wind, Sonne, Wasser und Biomasse, sind riesig, in unserer menschlichen Vorstellung nahezu unendlich und größtenteils kostenfrei in der Beschaffung. Deutschland, Europa, ja die ganze Welt könnte leicht mit erneuerbaren Energien versorgt werden. Das Problem ist also nicht die Verfügbarkeit, sondern die Frage, wie mache ich diese Geschenke des Himmels nutzbar. In diesem Punkt ist der Weg noch nicht zu Ende gegangen, denn um alle Atom- und Kohlekraftwerke abzuschalten, müssen sowohl neue Formen des Stromtransports als auch innovative Lösungen für Speicherung und Spitzenlasten eingeführt werden. Nützen würde das vorrangig dem Klima, und somit der Welt und den Menschen. Und letzteren doppelt, weil dieser Markt ein immenses Wachstumspotenzial hat. Die deutsche Erneuerbare-Energien-Industrie kann auf der Pole-Position in das Rennen starten.

Nicht so begeistert vom Energieversorgungsumbau sind natürlich diejenigen, die Atom- oder Kohlestromwerke betreiben. Sie müssen in diesem Fall mit finanziellen Verlusten rechnen. Nun ist es in Deutschland aber so, dass diese herkömmliche Stromindustrie nicht nur den Großteil des Energiemarktes beherrscht, ihnen gehört mehr oder weniger auch das gesamte Stromnetz, inklusive der ausbaubedürftigen Kuppelstellen an den europäischen Grenzen. Selbige wären wiederum sehr wichtig für freie Stromhandelswege, doch die Besitzer von diesen Kuppelstellen sind nicht immer daran interessiert, Fremdstrom durchzuleiten, weshalb die Durchlässe eng gehalten, die Netze verknappt werden.

Für die zukünftige Energieversorgung brauchen wir neue Wege und Ideen – und Mutige, die sie umsetzen. Fachleute befürworten sehr den verstärkten Bau von sogenannten solarthermischen oder Parabolrinnenkraftwerken. Hier werden das Sonnenlicht spiegelnde Rinnen aufgestellt, die am Brennpunkt eine Ölleitung führen. Das von der Sonne aufgeheizte Öl kann gespeichert werden, und man kann dann mittels Dampfturbine nach Bedarf Strom herstellen. Solche Kraftwerke sind fast doppelt so leistungsfähig wie unsere heimischen Photovoltaikanlagen und nur halb so teuer.

Sie machen natürlich in Flensburg oder Lübeck keinen Sinn, sie müssen im Sonnengürtel stehen, beispielsweise in Spanien oder der Türkei oder in Afrika. Um diesen Strom aber wieder zu den Leuten zu bringen, die ihn verbrauchen, benötigt man ein leistungsfähiges Netz mit leistungsfähigen Kuppelstellen. Experten halten deshalb den Bau eines Unterseekabels durch das Mittelmeer für Energieimporte aus Nordafrika für vielversprechend.

Das ist aber heute noch Zukunftsmusik. Momentan steht beim Wechsel zu Ökostrom ein anderes Problem im Vordergrund: Man weiß nicht richtig, was überhaupt Strom ist. Bei jedem anderen Produkt kann man sagen: »Oh, diese Kekse schmecken besonders gut, da ist es mir eigentlich egal, wer die produziert, ich weiß, dass sie mir schmecken, ich weiß, wo es die gibt.« Strom bleibt dagegen abstrakt.

Auch das Markenbewusstsein spielt bei diesem Thema eine Rolle. Jeder kennt die großen Stromerzeuger, weil sie uns von morgens bis abends mit ihrer Werbung konfrontieren, die kleineren Ökostromlabels wirken dagegen wie No Names. Wenn es um Ökostrom geht, fängt fast jeder bei null an.

Was dagegen viele zum Wechsel motiviert, ist die Kälte und Arroganz, mit der die herkömmlichen Anbieter ihren Kunden gegenüber auftreten. Es kommen sehr viele Leute, die sauer sind auf die Art, wie sie von ihrem Stromanbieter behandelt werden, und deshalb wechseln wollen. Die Strompreiserhöhungen der letzten Zeit schärfen das Bewusstsein dafür, dass man es zunehmend mit Stromriesen zu tun hat, denen der einzelne Kunde eigentlich egal ist. Längst ist es nicht mehr der Stromerzeuger vor Ort, dem man aus Tradition die Treue hält, sondern ein global agierender Konzern, mit dem die Kunden konfrontiert sind, und den viele im Verdacht haben, einen maximalen Gewinn rausholen zu wollen.

Es ist auch immer wieder unglaublich, was für Sachen passieren. Barbara zum Beispiel. Sie hatte wie ich Anfang 2007 zu Ökostrom gewechselt, beziehungsweise wechseln wollen. Bevor das möglich war, musste sie einige Hürden überwinden. Ihr alter Stromanbieter teilte ihr mit, dass das nicht zum 1. März 2007 ginge, frühestens zum 1. September 2007. Barbara wusste natürlich, dass jeder Kunde aufgrund einer Preiserhöhung, die es gegeben hatte, ein Sonderkündigungsrecht hat. Sie legte also Widerspruch ein, und nach einigen Briefen konnte sie endlich Ökostrom-Toasts essen. Doch so harmonisch blieb es nicht.

Ein paar Monate später begrüßte sie ihr alter Anbieter per Brief als einen neuen Kunden. Einfach so. Sofort rief sie dort an und sagte, dass das nicht sein könnte, sie sei seit dem 1. März bei einem Ökostromanbieter und daran habe sich auch nichts geändert. Die Antwort: »Ja, da müssen Sie mal bei Ihrem Anbieter nachfragen, der Fehler muss bei denen liegen, die müssen Sie bei uns angemeldet haben.« Aha. Also, ein weiterer Anruf beim neuen Anbieter. Dieser nahm die Sache in die Hand, und drei Wochen später bekam sie ein Klärungsschreiben, alles sei in Ordnung, sie würde weiterhin Ökostrom beziehen.

Seitdem erhielt Barbara von ihrem alten Energieanbieter Mahnungen, sie hätte den von ihnen gelieferten Strom nicht bezahlt. Erst beachtete sie diese nicht, doch die Mahngebühren hatten es in sich. Schließlich griff sie ziemlich genervt zum Telefon. Zuerst rief sie ihren Ökostromanbieter an, er bestätigte: »Ja , Sie beziehen Strom von uns, nein, daran hat sich nichts geändert.« Der Altanbieter, den sie nun kontaktierte, meinte nur: »Nein, Ihr neuer Anbieter hat Sie zum Monatsende abgemeldet.« – »Soso, haben Sie irgendein Schriftstück dafür? Eine E-Mail?« – »Nein, das läuft alles über elektronische Datenverarbeitung.« – »Ach ja, und da gibt es keinen Beweis?« – »Das ist einfach so geregelt, und das ist auch gut so, stellen Sie sich vor, wir würden uns Papier hin und her schicken, was sollen wir denn noch alles bezahlen?« – »Das heißt, es gibt keinen Beleg, dass mein neuer Anbieter mich abgemeldet hat, theoretisch könnten Sie das auch einfach so behaupten?« – »Ja.«

Wieder tätigte Barbara einen Anruf beim Ökostromanbieter, der erneut diesem Problem nachgehen wollte. Erfreulicherweise kam zwei Tage später ein Anruf vom Altanbieter, mit der Mitteilung, dass alles ein Versehen war, dass das System wahrscheinlich gesponnen habe und dass sie weiter ihren Strom von dem von ihr gewählten Anbieter beziehen würde. Na, bitte, geht doch! Aber jetzt stellen Sie sich mal vor, das wäre einem Kunden passiert, der nicht so ausgesprochen hartnäckig und pfiffig ist wie Barbara.

Unsere Partygäste kommen immer mit ihren alten Stromrechnungen, und häufig haben sie auch Briefe der Anbieter dabei. Bernhard Schwandt, der den Preisrechner betreut, sieht sich all diese Unterlagen genau an. Manchmal sind es Schreiben von Subunternehmern, weil die Leute schon einmal zu irgendeinem sogenannten Billiganbieter gewechselt haben und sich dann die Augen rieben, weil es hinterher nicht billiger, sondern stetig teurer wurde.

Der Haken an der Sache versteckt sich oft im Kleingedruckten – doch wer liest das schon. Einem meiner Freunde in München ist genau das passiert: Anfangs hatte er tatsächlich billigeren Strom, doch dann kletterten die Preise Monat für Monat immer höher – und im Kleingedruckten fand er dann einen Satz, der diese Möglichkeit auch benannte. Das ist letztlich eine Täuschung des Verbrauchers.

Ich hörte nun, wie einer der Partygäste fragte: »Wie gefährlich ist denn Kohlestrom?«

Prompt antworteten die Experten: »Kohle- und Atomenergie ist die schlechteste Energieversorgung, auf die man bauen kann. Aus einer Vielzahl von Gründen: Die fossilen Rohstoffe werden immer knapper und teuerer und müssen aus zum Teil ›schwierigen‹ Ländern importiert werden. Der Abbau von ihnen ist zugleich auch Heimat- und Umweltzerstörung. Denn gerade Kohle ist die dreckigste Variante der Stromerzeugung, da wird nicht nur der Boden, sondern auch die Luft verschmutzt. Kohle ist der Hauptverursacher von CO_2; und selbst gigantische Neuinvestitionen in sogenannte moderne, effiziente Kohlekraftwerke machen keinen Sinn. Sie blasen weiterhin Kohlendioxid in die Luft; was vorher in vier Tagen ausgestoßen wurde, passiert jetzt vielleicht in fünf Tagen. Und es ist eine Farce, wenn davon gesprochen wird, dass sie CO_2-frei arbeiten.«

»Und wie steht es mit Atomstrom?«, wollte ein anderer Gast wissen. »Es gibt keine ausschließlich friedliche Nutzung von Uran, es besteht immer auch die Gefahr, dass es für Waffen verwendet wird. Auch existiert kein sicheres Endlager für Atommüll, und es gibt keinen Atomreaktor, der beispielsweise einem abstürzenden Flugzeug standhält.«

Mitten in dieser Diskussion kam plötzlich ein hektischer Typ auf mich zugerannt und sagte, er bräuchte mich auf der Stelle für einen kurzen O-Ton: »Also, wir sind vom Fernsehen, vom MDR, wir machen den *Sachsenspiegel*, können Sie uns einen guten Satz sagen?«

Ich dachte, es würde um eine wasserdichte fachliche Erklärung gehen, doch er hatte es eilig und wiegelte gleich ab: »Nee, nee, wir brauchen nur ein kurzes Statement.« Da stand ich nun, der Kameramann hielt auf mich drauf und ich wollte meine Idee unterbringen, doch der Redakteur wollte das gar nicht. Ich sollte einen Instantsatz von mir geben, eine Zwanzig-Sekunden-Weltrettungsmessage? Wie aber sollte ich mein Projekt in zwanzig Sekunden auf den Punkt bringen?

Glücklicherweise hatte ich den Text der Einladung noch Wort für Wort im Kopf, also berappelte ich mich kurz und sagte: »Über Klimaschutz ist schon so viel geredet worden, ich habe jetzt gedacht, dass Taten folgen müssen.« Ende der Durchsage, Cut. Das war das Statement, das dann später im Fernsehen rauf- und runterlief. Nur dieser eine kleine Satz.

Am Preisrechner war inzwischen die Hölle los. Der Super-GAU war eingetreten, die errechneten Preise stimmten nicht. Hatte sich etwa jemand in den Preisrechner gehackt? Das war natürlich das Schlimmste, was passieren konnte. Zwar installierten wir schnell eine neue Excel-Tabelle, konnten fortan aber nur noch einen Preisrechner fahren.

Ich bat Bernhard Schwandt, bei den Computern die Stellung zu halten, damit die Situation nicht außer Kontrolle geriet – mit den richtigen Zahlen steht und fällt schließlich die Seriosität einer Stromwechselparty. Ich hatte keine Ahnung, wer uns da sabotierte. Ganz offensichtlich bekamen wir es mit subversiven Kräften zu tun.

Gerade war das Problem mit den gecrashten Excel-Tabellen behoben, als Barbara aufgeregt zu mir gelaufen kam und rief: »Ulla, Ulla, es gibt Riesenschwierigkeiten, ich glaube, darum musst du dich selbst kümmern!« Was denn nun schon wieder? Barbara zog mich hinter sich her, während sie mir leise zuflüsterte: »Wir haben eine GEMA-Kontrolle!«

Ach du liebes bisschen, was wollen die denn?, durchfuhr es mich. Durch meine Erfahrungen in der Musikbranche wusste ich, dass man bei der GEMA jedes Musikstück anmelden muss, das öffentlich gespielt wird. Aber ich war mir sicher gewesen, dass das bei unserer Party nicht nötig war, weil wir ja keinen Eintritt nahmen.

Am Eingang des Feinkost-Hofes sah ich dann schon von weitem einen Typen mit einer Aktentasche in der Hand, der auf mich wartete. Professionell freundlich begrüßte ich ihn: »Schönen guten Tag, wollen wir uns nicht setzen? Um was geht es denn?« Obwohl ich ein gutes Gewissen hatte, hielt ich meine Hände fest, um ein leichtes Zittern zu verbergen. Hatte ich mich etwa strafbar gemacht, ohne es zu ahnen?

Der Mann erklärte mir, er sei GEMA-Kontrolleur und mache Stichproben auf allen öffentlichen Veranstaltungen. Und da sei ich ausgesucht worden – ob ich denn die Hintergrundmusik angemeldet hätte? Ich schüttelte den Kopf: »Nee, aber ich verlange auch keinen Eintritt.«

Das sei egal, sagte er. »Wenn es eine öffentliche Veranstaltung ist, mit einer gewissen Größe und Anzahl von Leuten, dann muss die Musikbeschallung angemeldet sein.« Schock! »Das wusste ich nicht, tut mir leid«, erwiderte ich kleinlaut. »Was kann ich denn jetzt machen?«

Ich sah schon die Schlagzeile: »Ulla Gahn, Ökoaktivistin im Knast wegen unerlaubter Musikberieselung.« Oder: »Ökohappening ohne Happy End – Veranstalterin wegen verbotener Berieselung hinter Gittern.« Nein, im Ernst: Ich sah vor allem die roten Dollarzeichen auf meinem Konto, das sowieso schon arg strapaziert war.

Ich erklärte ihm kurz, um was für eine Veranstaltung es sich handelte, um sicherzugehen, dass er auf dem richtigen Dampfer war und uns nicht mit einer Chill-Lounge verwechselte. »Dies ist eine reine Informationsveranstaltung, verstehen Sie? Ein bisschen politisch, ein bisschen ökologisch, und ohne Eintritt! Wir machen hier praktische Weltrettung!«

Der Mann gab sich zunächst hart, dann aber lenkte er ein: »Sie müssen sich keine Sorgen machen, das kann man nachmelden.« Er begann in seiner Aktentasche zu kramen. »Schauen Sie mal, hier habe ich ein Formular, das müssen Sie an die GEMA-Direktion schicken. Ich schreibe schon mal rein, welche Daten wichtig sind.« Mann, war ich erleichtert. Ein paar Tage später schickte ich die GEMA-Formblätter ab. Seufz. Gott sei Dank hatten wir nur GEMA-freie Musik gespielt, so beliefen sich die Kosten für die Standardgebühr auf rund vierunddreißig Euro. Ich war mit einem blauen Auge davongekommen.

Die GEMA blieb nicht die einzige Schwierigkeit auf der Party. Als Hindernis erwies sich auch unsere sturmerprobte Gästeliste. An den Hofeingang hatte ich Bempf gesetzt, meinen zuverlässigsten Helfer. Das einzig Dumme war: Als gebürtiger Schwabe spricht Bempf natürlich allerbreitestes Schwäbisch – auch nach zwölf Jahren Leipzig hat er seinen Heimatdialekt noch nicht abgelegt. Dazu muss man wissen: In Leipzig ist dieser schwäbische Dialekt nicht ganz unproblematisch, wie überhaupt alle anderen Dialekte aus den alten Bundesländern. Es öffnen sich sofort Vorurteilsschubladen, wenn diese vernommen werden. Augenblicklich landet man in der Kategorie »Arroganter, besserwisserischer, materialistischer, unverdient reicher Wessi, der die Ossis übers Ohr hauen will«. Mit meiner leicht bayerischen Sprachfärbung machte ich hin und wieder ähnliche Erfahrungen.

Immer wenn Bempf sagte: »Halt, Sie müssed erschd auf der Lischde underschreibe«, stutzten die Leute. Viele Neuankömmlinge wollten ihre Namen und Daten nicht preisgeben, und Bempf hatte seine liebe Not, den Leuten zu verklickern, dass diesmal ich es war, eine Wessi-Schnecke, die Angst hatte, Schaden zu nehmen.

Glücklicherweise gab es auch in Hülle und Fülle Positives. Zum Beispiel lernte ich ein total nettes Rentnerehepaar kennen, das mich mit seiner Entschlossenheit beeindruckte. Der Mann war super vorbereitet, hatte sich im Internet schon Preislisten ausgedruckt und war bestens informiert. Eine Weile hatte er sich alles auf unserer Party angesehen – und dann einen Vertrag mit einem Ökostromanbieter abgeschlossen. Für die Nachbarn und seinen Sohn nahm er Unterlagen mit. Bevor er ging, kamen er und seine Frau noch einmal zu mir und schüttelten mir die Hand: »Frau Gahn, wir wollten uns nur bedanken, wie gut Sie das machen! Wir sind sehr froh, dass es Sie gibt!« Ich war total gerührt.

Die allerkrasseste Geschichte aber stand mir noch bevor: Wie immer hatte ich die vier Ökostromanbieter eingeladen, ebenso den örtlichen Energieanbieter. Dass bei Party Nummer drei der Vertretertyp mit seiner Mappe da war, der plötzlich Daten aufschreiben wollte, war inzwischen abgehakte Vergangenheit. Für die Party in der Feinkost-Genossenschaft hatte sich wieder niemand vom hiesigen Standardanbieter angemeldet. Auch gut, dachte ich, die wollen sich nicht um diese Sache kümmern.

Die Party war bereits in vollem Gange, als mir plötzlich ein Typ in Hose und blauem T-Shirt auffiel, der mit jemandem am

Expertentisch redete. Meine Intuition funktionierte bestens, ich merkte, dass ich mir diesen Herrn mal näher anschauen musste. Als ich ihn ansprach, stellte er sich vor: »Ich bin vom örtlichen Stromversorger.« Wieder so ein blinder Passagier! Undercover wuselte er hier herum.

Ich ließ mir meine Irritation nicht anmerken und sagte: »Willkommen, schön, dass Sie da sind, ich bin die Ulla Gahn und ich mache das hier alles. Wollen Sie bei den Experten bleiben? Haben Sie Unterlagen dabei?« Er antwortete nur: »Ich gebe Ihnen mal meine Karte.« Ouups! *O, o, here comes trouble*, rief mein Bauch. Das ist die Managementetage. Sofort war ich in Habachtstellung. Was sollte ich nun mit ihm anfangen? Was hatte er vor?

Zunächst stellte ich ihn den anderen Experten am Stand vor, und merkte dass einige ihn kannten. Der Nachzügler stand scheinbar locker bei den Fachleuten, wobei es mich verwunderte, dass so ein hohes Tier in einem blauen Poloshirt anspaziert kam. War das etwa eine Tarnung? Auch wenn unsere Party keine aufgebrezelte Geschichte war – als Manager des bekanntesten Stromanbieters in Leipzig zog er sich normalerweise sicher ganz anders an. Oder wollte er mal total lässig mit der Ökoklientel auf Tuchfühlung gehen?

Als ich wenig später wieder am Expertentisch vorbeikam, hörte ich mit einem halben Ohr Satzfetzen wie »nee, ganz anders« ... »kein grüner Strom« ... »in Wirklichkeit umgefärbter Atomstrom«.

Wie vom Blitz getroffen blieb ich stehen und ging sofort auf den Tisch zu. »Moment mal, darf ich kurz unterbrechen – was wurde gerade gesagt?« Ich war zutiefst entrüstet. Was für eine Ungeheuerlichkeit! Was für ein unfassbarer Schlag ins Gesicht!

Ich holte tief Luft, um mich etwas zu beruhigen, entschuldigte mich dann bei den Leuten, die vor dem Tisch standen und sagte: »Pardon, wir müssen hier kurz etwas klären.« Zitternd vor Wut stellte ich denjenigen zur Rede, der die Anschuldigungen geäußert hatte: »Was läuft hier? Können Sie mir das bitte erklären?«

»Ja, also«, begann er ausweichend, »es ist ja so, wegen ...« Anschließend erzählte er mir irgendetwas auf Fachchinesisch, das nicht nur kompliziert, sondern vor allem wirr klang. Ich verstand nur etwas von Umetikettieren, Strom über die Grenze schicken und weiterveräußern. Ich hatte keine Ahnung, wovon er sprach, konnte also auch nicht adäquat darauf antworten. War das nun eine böswillige Unterstellung oder eine skandalöse Wahrheit?

Ich wusste nur eines: Das musste geklärt werden, und zwar sofort und direkt. Deshalb holte ich einen Vertreter der Beschuldigten hinzu.

»Entschuldigen Sie«, sagte ich, »hier gibt es die Behauptung, dass Sie grün angestrichenen Atomstrom verkaufen.« Der Beschuldigte sagte daraufhin: »So etwas geht überhaupt nicht!« Ich wurde immer unruhiger.

Nun zog der Kritiker, der den Vorwurf ausgesprochen hatte, seinen Trumpf aus der Tasche: »Tja«, sagte er, »da müsste mein Gesprächspartner erst einmal das Verschwiegenheitsgebot aufheben, sonst kann ich nichts darlegen.« Wieso war hier eine Schweigeabmachung am Start? Ich war in heller Aufregung, hatte ich mich doch für echten Ökostrom eingesetzt! Jetzt bin ich im Arsch, dachte ich. Am liebsten wäre ich im Boden versunken. War ich etwa benutzt worden? Sahen die mich als leicht zu übertölpelnde Blondine mit der Hausfrauen-Weltrettung? Und ich Depp hatte mich auch noch hingestellt, mit meinem Namen und meiner reinen Seele.

Ich befand mich im Fünferlooping der Gefühlsachterbahn. Schlagartig wurde mir klar, auf welch dünnem Eis ich mich bewegte. Meine Unabhängigkeit stand auf dem Spiel! Das Vertrauen, das die Leute mir entgegenbringen, hängt wesentlich davon ab, dass die Anbieter tatsächlich grünen Strom verkaufen. So wie alles stimmt, was ich sage, erwarte ich auch, dass die Leute, die mit mir zusammenarbeiten, mich nicht anlügen. Und jetzt stand ich da und dachte nur noch: Hier ist etwas oberfaul.

Verkauften sie sich etwa gegenseitig Strom? Wollten sie sich gegenseitig anschwärzen? Es war offensichtlich, dass beide Parteien durch meine Gegenüberstellung in die Bredouille geraten waren. Mein Gespür sagte mir aber, dass ihnen aus irgendeinem Grunde die Hände gebunden waren. Lag es an meinem Defizit an Fachwissen, dass ich all dem nicht folgen konnte? Je länger ich zuhörte, umso klarer wurde mir: Es gibt hier etwas, das ich nicht weiß, das mir aber das Kreuz brechen kann.

Unabhängig von diesem berunruhigenden Zwischenfall war die Party jedoch ein Riesenerfolg. Hundertachtzig Leute waren gekommen, ein neuer Rekord. Wenn man bedachte, dass ich mit knapp vierzig Gästen angefangen hatte ... Barbara und ich konnten kaum glauben, wie sich alles entwickelt hatte. Zu Beginn hatten wir noch gescherzt, dass später einmal das Fernsehen und die Zeitungen kommen würden. Fast waren wir ein bisschen erschlagen von dieser *self-fulfilling prophecy*.

Diese vierte Veranstaltung war ein absoluter Höhepunkt. Sie endete genauso abrupt wie die vorherigen. Innerhalb von drei Stunden war der Spuk vorbei, die Gäste gingen heim, die Experten und Anbieter packten ihre Unterlagen zusammen und verabschiedeten sich. Das Helferteam baute ab. Ich teilte mir mit den Feinkost-Leuten die Spendenkasse, in der magere siebenunddreißig Euro lagen. Ein Helfer von Katrin und Sven sagte zwar: »Super, jetzt machen wir uns noch einen geilen Abend und grillen.« Aber ich konnte einfach nicht mehr. Nach acht Stunden Hochleistungsorganisation wollte ich nur noch heim.

Nun kam die Ruhe nach dem Sturm. Es war, als hätte jemand den Hebel von Orkan auf Totalflaute umgelegt. Irgendwann waren alle weg. Meine Musikerfreunde mussten zum Konzert, die Helfer hatte andere Verabredungen, Barbara wollte zu ihrem Kind. Immer noch auf Funktionieren und Durchhalten geschaltet, packte ich meine Sachen und fuhr nach Hause. Irgendwann merkte ich, dass niemand mehr etwas von mir wollte. Nach dem ganzen Trubel war ich plötzlich allein.

Daran musste ich mich erst einmal gewöhnen. Auf der einen Seite war ich total fertig und wäre eh zu nichts mehr fähig gewesen. Wie schön hätte ich es aber gefunden, jemanden zu haben, mit dem man den Tag Revue passieren lassen, mit dem man gemütlich ausruhen konnte.

Ich war wirklich ziemlich mitgenommen. Merkte das aber erst jetzt. Wochenlang hatte ich mich nur auf diese Party konzentriert, war nicht mehr im Konzert oder in der Kneipe gewesen, hatte nur noch das Projekt Weltrettung verfolgt. Das zehrte an den Kräften, auch an der Seele. Aber erst wenn die Anspannung nachlässt, wird einem bewusst, wie sehr man vorher unter Strom gestanden hat. Während man diesen wilden Mustang reitet, fühlt man sich großartig, der Wind bläst einem um die Ohren, und man pfeift auf die Gefahr. Man hat sowieso keine Zeit nachzudenken, weil man alle Hände voll zu tun hat im Sattel zu bleiben und so gut wie möglich zu lenken. Das war der süße Duft des Abenteuers, den ich dann spürte.

Doch jetzt, wo das Ding größer und größer wurde, musste ich immer mehr einsame Entscheidungen treffen. Niemand anderes wollte die Verantwortung tragen. Trotz aller Hilfe war mir klar: Mit diesem Projekt stehst du allein da, wenn es hart auf hart kommt. Das Risiko zu kennen und zu spüren: Hallo, Ulla, du tanzt da gerade durch einen rechtsfreien Raum, war schwer genug. An diesem Abend kam jedoch noch der Gedanke hinzu: Auch menschlich bist du allein auf dich gestellt. Das machte mir ein bisschen Angst. Aber was sollte ich tun? Aufgeben? Hinschmeißen? Hatte ich diese Option überhaupt noch?

Am Abend dieses turbulenten Tages sah ich mit Spannung um 21 Uhr 45 die Sendung *MDR aktuell*. Ja, es war etwas über uns drin, im Nachrichtenblock. Doch was war das? Die Anmoderation lautete: »Viele Leute erschrecken ja, wenn sie ihre Stromrechnung bekommen, weil Energie jetzt wieder so teuer geworden ist. Ulla Gahn schafft Abhilfe mit ihren Stromwechselpartys.«

Ich saß da wie vom Donner gerührt. Hey, die hatten vorher alle Unterlagen erhalten, unsere Pressemitteilung, unsere Einladung, und nun machten sie aus meiner Weltrettungsparty eine Veranstaltung für Billigheimer. Als ob es nur darum ging, Geld zu sparen. Kein Wort über Ökostrom, kein Wort über Klimaschutz. Es war zum Heulen.

Wenigstens war der Beitrag optisch sehr schön, es wirkte alles sehr bunt und lebendig, die Open-Air-Atmosphäre kam gut rüber, mein Statement dazu, das war schon okay. Aber diese Fernsehleute hatten mich völlig falsch eingetütet. Es gab noch viel zu tun, bis endlich auch der Letzte verstehen würde, was das Revolutionäre an den Stromwechselpartys war.

Doch erst einmal brauchte ich Schlaf. Viel Schlaf. Ich wachte am späten Vormittag des nächsten Tages exakt so auf, wie ich mich am Abend vorher aufs Bett hatte fallen lassen. Das war der gerechte Schlaf der Erschöpften – oder war das der erschöpfte Schlaf der Gerechten?

7 *Hochspannung*
AUSFLUG IN DIE GESCHÄFTSWELT

Plötzlich wurde mir bewusst, dass die notwendige Kooperation mit den Anbietern auch problematisch werden konnte. Ich hatte vorher gar nicht bedacht, in welchem Ausmaß sie von meiner Vertrauenswürdigkeit profitierten und welch einen Wert ich damit im guten Glauben herschenkte. Gleichzeitig wollte ich unbedingt unparteiisch bleiben, ich selbst würde ja auch eher einer unabhängigen Beraterin vertrauen. Deshalb hatte ich von den Anbietern nie Geld genommen, und es wäre mir auch nie in den Sinn gekommen, Provisionen einzuheimsen.

Es dauerte lange, bis mir dies alles klar wurde. Erst Schritt für Schritt kapierte ich, in welche Maschinerie ich geraten war und wie der Hase lief.

Bereits nach der dritten Party hatte einer der vier Ökostromanbieter mich anwerben wollen. Kein Wunder, aus deren Perspektive war ich ja eine ideale Marketingkraft, ich war überzeugend und sympathisch, war also wie geschaffen für den Job.

Irgendwann hatte ich eine Mitarbeiterin dieses Anbieters am Telefon, die mich um eine Audienz bat, ihr Chef würde sich gern mit mir treffen, ob ich denn Zeit hätte.

Irgendwie fühlte ich mich natürlich gebauchpinselt. Aber ich wusste, dass ich nicht für einen speziellen Stromanbieter arbeiten wollte – das lief ja provisionsabhängig, passte also überhaupt nicht zu meinem Konzept. Aber neugierig war ich trotzdem. Als ich zu dem Termin fuhr, dachte ich: Na gut, jetzt höre ich mir das mal an.

Ich wurde von einer Mitarbeiterin empfangen und ins Besprechungszimmer geführt. Es hatte ein Ambiente, von dem ich nur träumen konnte. Kein Vergleich zu meiner »Weltrettungszentrale«, diesem zusammengezimmerten WG-Büro, mit einem altem Tonstudiotisch als Schreibtisch, dem Kabelsalat überall, den Telekomleitungen quer durch die Wohnung gestrickt.

»Der Herr Sowieso kommt gleich«, hieß es.

Ich weiß nicht, was ich erwartet hatte, aber eine gewisse Vorstellung hat man sicherlich schon, wenn es um Ökostrom geht. Und die wurde komplett ausgehebelt: Zur Tür herein kam ein braun gebrannter Typ, dem quer übers Gesicht das Wort »Verkauf« geschrieben war. Er hätte genauso gut für Luxuskarossen zuständig sein können.

Ich stand brav auf, sagte guten Tag, und dann – manchmal ist mein Mund schneller als mein Hirn – rutschte mir heraus: »Mensch, Sie sind aber braun, scheint die Sonne schon so intensiv?« Es war zwar spätes Frühjahr, aber in Deutschland hätte man nie so braun werden können. Er druckste verlegen herum, denn es war ihm sichtlich peinlich, auf seinen Teint angesprochen zu werden. »Waren Sie etwa Skifahren, auf Kunstschnee?«, fragte ich frech, denn ich hatte ja nichts zu verlieren. Doch er wiegelte wieder ab.

Eine Weile hörte er sich dann an, was ich so machte. Das Gespräch war interessant, weil er mir sehr viel über den Strommarkt und die Preisgestaltung erzählte, sodass ich einen Insidereinblick in das Ökostrombusiness bekam.

Er war sehr direkt und zielstrebig, als es darum ging, was er von mir wollte. Meine Idee sei super, lobte er mich, die Partys liefen gut, meine Pressearbeit sei hervorragend. Und so bot er mir an, jederzeit als freie Mitarbeiterin mit vertriebsabhängiger Provision anzufangen

Was ich denn konkret erwarten könne, wollte ich wissen. Bereitwillig nannte er mir die Zahlen, redete sich zunehmend in Begeisterung. Ob ich nicht eine Art Tupperware-Konzept für ihn entwickeln könnte?, fragte er. Meine Partys hätten doch den Tupperware-Stil. »Sie könnten hier in unseren Räumlichkeiten monatlich oder jede Woche so eine Stromwechselparty veranstalten«, schwärmte er. Ich versuchte, so gut es ging, ihm meinen Weltrettungsgedanken zu vermitteln, doch schnell merkte ich, dass das vergebliche Liebesmüh war. »Vielen Dank für das Interesse«, sagte ich, »aber ich habe eigentlich etwas ganz anderes vor.«

Beklommen saß ich da. Ich hatte, realistisch betrachtet, keine Kohle. Doch es kam für mich überhaupt nicht infrage, mich und meine Idee einer Firma zu verkaufen. Oder war ich komplett schizophren? Ich machte für die Herren ja sowieso schon Marketing für umsonst. Wie auch immer: Ich fühlte mich gründlich missverstanden. Und die Tupperware-Nummer war für mich fast eine Beleidigung.

Bei der Verabschiedung konnte ich es aber dann doch nicht lassen, dem Herrn noch einmal auf den Zahn zu fühlen. Wie Columbo in seinen besten Zeiten drehte ich mich in der Tür noch einmal um und fragte: »Ja, wo waren Sie denn jetzt eigentlich im Urlaub?« – »Auf einer Insel im Mittelmeer«, antwortete er. – »Aha«, sagte ich grinsend, »Sie sind also geflogen, da ist Ihre Ökobilanz aber ganz schön im Eimer!«

Da er Humor hatte, konnte er einen Scherz vertragen. Wir beide wussten genau, woran wir miteinander waren. Mein Text brachte zum Ausdruck: Ich lebe meine Weltrettung, ich bin mit dem Fahrrad zu diesem Gespräch gefahren, so wie ich es meist tue, wenn ich nicht gerade in der »Energieschleuder« mitfahre. Und er fliegt halt auf eine Mittelmeerinsel in den Urlaub. Das passte in meinen Augen hinten und vorne nicht zusammen.

Ich schickte der Firma später noch einmal eine Unterstützungsanfrage, ob sie nicht vielleicht für meinen Verein spenden könnte. Dazu kam es aber irgendwie nie. Sie boten mir aber Monate später ein weiteres Gespräch an, diesmal in der Zentrale, mit dem Geschäftsführer, dem gebräunten Vertriebsleiter sowie dem Marketingchef. Wieder versuchte man mich zu überzeugen, für sie tätig zu werden.

Ich kam ja auch, um übers Geld zu reden, denn die chronische Finanznot verursachte mir schon schlaflose Nächte. Doch wusste ich nicht so richtig, wie ich das anfangen sollte, dass sie unserem Verein einen dicken Batzen spendeten. Und zwar ohne Auflagen, ohne Gegenleistungen, ohne Verpflichtungen. Doch das war nur ein schöner Traum, der sich leider nicht erfüllte.

»Wussten Sie eigentlich«, fragte ich bei diesem zweiten Treffen, »dass der Wert allein meiner Pressearbeit in Fachkreisen auf rund 50 000 Euro geschätzt wird?«

Das sei sehr interessant, war die Reaktion auf meine Bemerkung, aber dann konstatierte der Vertriebsleiter: kein Geld ohne Gegenleistung. Zwei Dinge könnten sie mir deshalb anbieten. Ob ich mir vorstellen könne, die Mitarbeiter in Sachen Ökostromparty zu schulen sowie örtliche PR zu machen, wenn man Niederlassungen eröffnen würde? Ich hätte es doch immer so toll mit der lokalen Presse hinbekommen.

Ja, sie wüssten natürlich, dass das sensibel sei, weil ich ja unabhängig bleiben wolle, trotzdem ... Ich war völlig perplex, wieder einmal. Meine Arbeit steckte voller Seele, Herzblut und Weltgewissen, aber die guckten gleichzeitig auch immer aufs Geschäft. Sicher, alles war nett gemeint, aber warum kapierte denn niemand, um was es mir ging? Ich fühlte mich unverstanden und fehl am Platz.

Um nicht missverstanden zu werden: Gegen Wirtschaftlichkeit ist überhaupt nichts einzuwenden. Gewinn machen, das finde ich auch klasse, und freue mich jedes Mal, wenn ich nach einem Flohmarkttag mehr Geld in der Tasche habe als vorher. Aber ich hatte da in meinem Kopf dieses Ideal, dass man hinter dem, was man macht, stehen soll. Wahrscheinlich hätte ich mich leichter getan, für jemanden zu arbeiten, der ähnlich idealistisch drauf ist wie ich. Aber nüchtern betrachtet wäre dieser Jemand auch in einer ähnlich schlechten finanziellen Situation, weil er vor lauter Idealismus vergessen hätte, Geld zu verdienen. Musste ich mich also damit abfinden, dass man im Leben manchmal doch Kompromisse machen muss? Aber allein bei dem Gedanken sträubte sich alles in mir. Es gibt so viele wichtige Dinge im Leben, die man einfach nur kompromisslos angehen kann, Klimaschutz und der Erhalt unserer Erde gehören dazu.

Als ich im Zug nach Hause saß, dachte ich: Hallo, Probleme, da seid ihr ja wieder. Da trifft die Reinheit der inhaltlich aufgeladenen Weltrettungsidee auf die zahlenfixierte Realität von erfolgreichen Geschäftsleuten.

8 *Netzstrom*
DIE HOMEPAGE

Eines Tages, es war noch vor unserer großen Leipzig-Party, wusste ich: Jetzt brauchst du eine Homepage. Vor der ersten großen Tournee war klar, dass wir im Internet präsent sein mussten. Und vor der vierten großen Leipziger Party hatten wir auch tatsächlich unsere Homepage eingerichtet. Der Weg dahin war ein echtes Abenteuer, das aber auch zeigte, wie wunderbar es ist, wenn Netzwerke funktionieren und der gute Wille siegt.

Als Erstes hatte ich meine »Chefdesignerin« Tine angerufen und gefragt: »Sag mal, könntest du aus unserem Plakat für die Ökostrompartys auch was fürs Internet machen?« Tine hatte für meine Handzettel und Plakate ein schlichtes, aber ungemein passendes Design entworfen: Eine Steckdose, ein fliegender Schmetterling, alles auf einem grasgrünen Hintergrund, dazu eine gerundete Schrift. Damals wusste ich aber noch nicht, dass meine Partys so viel bewegen sollten wie der berühmte Schlag eines Schmetterlingsflügels, der das Umfallen einen Reissacks bewirkt.

Kein Problem, war ihre Antwort. Anschließend konsultierte ich meinen Freund Rossy, der in München lebt. Rossy ist eigentlich ein Langhaariger. Als ich ihn kennenlernte, hatte er Haare bis zum Po, fuhr einen alten Opel Kadett und spielte E-Bass in einer Band. Zusammen besuchten wir die Tontechnikerschule. Inzwischen sind seine Haare kurz, doch in der Brust schlägt immer noch das rockige Herz. Rossy ist mein Computer-Checker, seit meine Finger auf den Tasten laufen lernten.

Er hörte sich meine Homepage-Idee an, beriet mich erst einmal in Sachen Adressen, Kosten und Möglichkeiten und kontaktierte einen Freund, was Serverplatz und URL betraf. »Hey«, sagte ich noch, »wir sind natürlich auch ein bisschen revoluzzermäßig drauf und würden gern ein Open-Source-Programm verwenden. Ist das vielleicht drin?« – »Sicher, das geht auch auf dem Server, du brauchst nur jemanden, der dir das programmiert«, sagte Rossy. In diesem Moment fiel mir ein alter Kontakt in Düsseldorf ein. Ich hatte früher häufig Seminarvorbereitungen und Konzeptentwicklungen für eine dort ansässige Multimedia-Firma namens Syrius gemacht und kannte noch einige Mitarbeiter. Einer von diesen Kollegen war inzwischen Geschäftsführer.

Ich rief ihn an und sagte: »Ich habe ein geiles Weltrettungsprojekt initiiert, wollt ihr uns nicht die Homepage programmieren? Ihr seid doch in solchen Sachen ziemlich bewandert. Und, na ja, ginge das vielleicht ... vorerst ... für umsonst?« Er überlegte hin und her, erkannte aber ziemlich schnell das Potential hinter der Aktion und versprach, mit seinen Programmierern darüber zu konferieren.

Das Ende vom Lied: Sie taten es! Ich freute mir ein Loch in den Bauch. Kurz darauf fuhr ich nach Düsseldorf, um mit dem Chef von Syrius, Paul Jüttner, die Homepage durchzusprechen.

Im Schwung dieser Reise an den Rhein kamen wir auf die Idee, auch eine Ökostromparty in Düsseldorf zu planen. Obwohl wir eigentlich nur über die Homepage reden wollten, sah ich mich plötzlich einen Party-Termin klarmachen. Schneller als mir lieb war, hatte ich meinen Mustang für ein weiteres Rodeo ins Rennen geschickt – und natürlich im Eifer des Gefechts das nicht ganz unwichtige Detail übersehen, dass er ja auch von mir geritten werden musste.

Paul fand die Party-Idee super. Da die Syrius GmbH nicht nur programmiert und Internetauftritte gestaltet, sondern auch Filme produziert, besaßen sie für diese vielfältigen Tätigkeiten eine große Halle. Er bot sie mir an, und spontan dachte ich, warum nicht? Ein Praktikant recherchierte die Telefonnummern vom Düsseldorfer Veranstaltungsmagazin und einigen regionalen Zeitungen. Ich weihte Barbara in mein neues Unterfangen ein, sie stimmte zu, und damit stand sie, die Ökostrom-Wechselparty in Düsseldorf. Na ja, ich sollte besser sagen: entstand sie.

Parallel machten wir mit der Homepage-Programmierung weiter, besprachen die Details, die Inhalte, dann begannen die Jungs mit der Umsetzung. Wir wollten ein Premiumprodukt, mit Gästebuch und Blogs, und auch die interne Kommunikation sollte anfangs über diese Website laufen. Das ist für einen gespendeten Job natürlich ganz schön viel verlangt, was mir in meiner damaligen internettechnischen Unbedarftheit aber noch nicht klar war.

Doch dann, als ich wieder in Leipzig war und die ersten Seiten der Homepage eingerichtet waren, passierte eine Panne. Die Mails, die Barbara und ich einander schickten, tauchten plötzlich im Gästebuch auf. Panik! Ich schrie ins Telefon: »Jungs, das muss runter, alles runter, schnell!« Das war wie die schwarze Katze in einem dieser *Matrix*-Filme, die zweimal vorbeiläuft: Ein einziger kleiner Programmierfehler, und schon hat man einen Mega-GAU.

Ich muss gestehen: Die Homepage hat mir manchmal den letzten Nerv geraubt. Schier wahnsinnig bin ich geworden. Außerdem brauchten wir ja nicht irgendeine Homepage, sondern eine interaktive, eine, auf der wir selbst die Texte ändern konnten, ein komplettes Content-Management-System also.

Schließlich übernahm Barbara die Sache mit der Website. Und weil sie vor nichts zurückschreckt, konnte sie schon am zweiten Tag Fotos hochladen. Beneidenswert. Natürlich hakte es noch manchmal. Wir mussten die üblichen Schocks durchstehen, irgendwann hatten wir im Gästebuch einen Wurm, jede halbe Stunde kam eine Viagra-Mail, dann viertelstündlich. Barbara und ich verbrachten anfangs jeden Tag mindestens eine halbe Stunde damit, unliebsame Mails zu entfernen: klick – löschen, klick – löschen ...

Und dennoch, die Website war super, kurz vor der Münchner Party aber kamen auch die »Schattenseiten des Ruhms«: Ein offensichtlicher Psychopath schrieb die erste negative Eintragung ins Gästebuch. Ziemlich aggressiv, ziemlich diffamierend. Es waren total üble Blog-Einträge, so nach dem Motto: »Wissen Sie das nicht? Ulla Gahn finanziert sich über Provisionen von dem und dem Stromanbieter.« Eine heftige Nummer, wenn man sich gegen jedes unmoralische Angebot zur Wehr setzt.

Ich war etwas sauer und wollte das auch rüberbringen, versuchte aber dennoch einigermaßen sachlich zu antworten. Doch er wurde nur noch unverschämter. An Diskussionen war er nicht interessiert. Alles, was er wollte, war, das Gästebuch für seinen Hass-Blog zu nutzen. Nein, das ging gar nicht.

Ich war im Party-Coutdown und steckte bis zum Hals in Organisationsproblemen, Barbara bereitete parallel Expertenkontakte in Düsseldorf und München vor – es war eine totale Halli-Galli-Zeit, in der wir keine Energiereserven für so etwas hatten.

Doch mehrmals liefen bei mir Notanrufe von Barbara auf: »Schau mal ins Gästebuch, schon wieder einer dieser schlimmen Einträge, was machen wir denn jetzt?« Das war mal wieder eine Herausforderung, bei der ich innerhalb kürzester Zeit eine Entscheidung treffen musste. Leicht machte ich es mir nicht, doch nach einigem Hin- und Herüberlegen war klar: Von solchen Typen durften wir uns nicht unsere Website zerschießen lassen. Das ging einfach zu weit!

Also sagte ich: »Barbara, der wird gelöscht!« Eigentlich macht man so etwas nicht, im Gästebuch müssen auch kontroverse Artikel zugelassen werden, doch dieser Typ hatte bei uns nichts zu suchen, denn das war keine konstruktive Kritik. Trotzdem bombardierte er uns weiter mit seinen Hass-Mails. Wir reagierten nicht mehr darauf, weil wir dachten: So bringen wir ihn am besten zum Schweigen.

Gott sei Dank gab sich diese Sache irgendwann. Aber als er nicht mehr bei uns landen konnte, tauchten in anderen Blogs seltsamste Sachen über uns auf. Aber was konnte ich schon machen? Abhaken, vergessen, weitermachen. Die Uhr tickte, unsere »Deutschlandtournee« war am Start. Für Störenfriede hatte ich keine Zeit.

9 *Stromausfall*
SINNFRAGEN RELOADED

Heute weiß ich gar nicht mehr, wie ich das alles auf den Schirm bekommen habe: Am 7. Juli 2007 sollte die Party München laufen, mit dreihundert Leuten, am 20. Juli Düsseldorf, mit zweihundert Leuten. Unser Projekt hatte das Küchenformat längst hinter sich gelassen, die Idee zog Kreise, das öffentliche Interesse wurde größer und größer, und auch der Ansturm der Presse immer heftiger.

Auf der Juni-Party in Leipzig hatte ich Besuch von einem Journalisten, der für *Spiegel online* arbeitete. Ich fühlte mich wahnsinnig geehrt, dennoch: Er kam von *Spiegel online,* nicht vom Printmagazin. Der Redakteur machte ein Interview und Fotos. Am Tag darauf, am Montag, saß ich in meinem Büro und begann gerade damit, mein Tagesgeschäft abzuwickeln, als es so heftig abging, dass die Wände wackelten. Mein Telefon schien zu explodieren.

Alle riefen sie gleichzeitig an, die *Bild*-Zeitung, verschiedenste Radiostationen und Fernsehsender, Sat.1, RTL, HR, MRD, ZDF. Was war denn nun passiert? Erst als ich eine Freundin vom ZDF anrief, checkte ich, warum dieser ganze Hype losgebrochen war: »*Spiegel online* liest jeder Journalist zum Kaffee!«, klärte sie mich auf. »Das ist ein Knaller!« Allmählich dämmerte mir, dass es eben nicht »nur« *Spiegel online* war, sondern der ultimative Bringer.

Die Anfragen flogen mir jetzt nur so um die Ohren: Interviews, Reportagen, Beiträge, das ganze Sortiment. Ein Team vom

ZDF wollte mich einen ganzen Tag lang mit der Kamera begleiten. Mir wurde ganz schwindelig: »Leute, wie stellt ihr euch das vor? Ich rotiere wie ein Ventilator auf Höchststufe!«

Irgendwann in der Nacht rief Eike an und meinte: »Ulla, dich kriegt man ja überhaupt nicht mehr ans Telefon. Muss ich jetzt einen Termin mit deiner Sekretärin machen, wenn ich dich sprechen und sehen will?« In meinem Kopf wirbelten Termine, E-Mails, all die Dinge, die ich an diesem turbulenten Tag nicht mehr geschafft hatte, entsprechend war meine Reaktion: »Eike, es tut mir leid, aber ich kann grad nicht, ich muss dringend ins Bett, bin völlig erledigt, morgen muss ich noch tausend Sachen machen.«

Wahrscheinlich war das nicht gerade die sensibelste Art, um jemandem zu sagen, dass man keine Zeit für ihn hat. Aber irgendwo zwischen Presse, Partys und Organisieren hatte ich meine Feinfühligkeit verloren.

An einem der folgenden Tage erhielt ich einen Anruf von einem RTL-Journalisten. Allen Ernstes fragte er: »Ja, wie geht es denn bei einer Ökostromparty zu, kommen da die Hausfrauen im Kittel, damit sie ein bisschen Kohle sparen können?« Na, mit solchen Sprüchen lag er bei mir gerade richtig: »Also, hören Sie mal zu, das ist keine Billigheimer-Veranstaltung, das ist eine Ökostrom-Wechselparty!«

Erst einmal hörte ich am anderen Ende der Leitung nichts, dann kam der Kommentar: »Ach, dann ist das ja nur getarnter Umweltschutz, was Sie da machen!« *Getarnter Umweltschutz?* Ich fasste es nicht. Er druckste noch ein wenig herum, dann redete er sich mit der typischen Standardantwort heraus: »Ähm, das muss ich erst mal mit der Redaktion besprechen ...«

Wider Erwarten ließ die *Bild*-Zeitung nicht locker, sie wollte wirklich ein Interview mit mir machen. Ein Interview mit der *Bild*? Sofort ging eine heftige Debatte in unserem Helferteam los: »Bestücken wir die? Gibt die Ulla jetzt tatsächlich ein Interview für die *Bild*-Zeitung? Wie tief sind wir gesunken?« Das war die eine Fraktion. Die andere argumentierte: »Alle haben das Recht, etwas über die Weltrettung zu erfahren, auch die *Bild*-Leser! Nein, wir haben keine Berührungsängste!«

Mir schwirrte der Kopf. Dieses Boulevardblatt, das ahnte ich, war ein Spiel mit dem Feuer. Ein paar Insider warnten mich: »Sei bloß vorsichtig, die drehen dir das Wort im Mund herum! Du weißt nie, was die hinterher schreiben.«

Ich war total hin und her gerissen. Wenn ich es machte, würden dann einige denken, ich sei eine Rampensau oder bühnengeil und publicityheiß? Ich selbst wusste, dass es nicht so war, denn bei allen Medienberichten war mir nur wichtig, dass möglichst viele von unseren Partys erfuhren. Jeder (nicht nur Leute aus der Ökoszene) hatte dadurch die Chance, sich zumindest zu überlegen, ob er selbst wechseln will. Je mehr Menschen die Partys besuchten, so dachte ich weiter, umso mehr würde sich meine ganze Mühe lohnen. Das war eine schlichte Effizienzrechnung.

Wir diskutierten also noch länger kontrovers über die *Bild*-Anfrage, bis ich schließlich beschloss: »Es geht doch um die Sache, ich lade die zu mir in die Küche ein, und hoffe, dass es gut ausgehen wird.« In meiner Küche war schließlich die Weltrettungsidee entstanden, das war wenigstens authentisch.

Ein paar Tage später standen zwei modern gekleidete Frauen von der *Bild* vor der Tür, eine Fotografin und eine Redakteurin. Ich bat sie in meine Küche. Aha, dachte ich, nun bin ich aber mal gespannt. Mit der Geduld einer Waldorfkindergärtnerin versuchte ich, diesen zwei sehr jungen Damen die Sache zu erklären – warum wir das machten und wie die Idee funktionierte. Doch an Informationen und Fakten waren sie gar nicht interessiert, die hatten es auf den *personal approach* abgesehen. Sie sahen sich meine Küche genau an. Am liebsten hätten sie sicher irgendeine heiße Schlüssellochgeschichte über mich geschrieben, eine herzerwärmende Story über Ulla, die Ökoheldin, am besten noch mit intimen Details.

Ich hatte aber anfangs überhaupt nicht bedacht, dass sich durch den ganzen Medienrummel auch eine Art Personenhype einschleichen würde. Und so stand dann immer öfter Ulla Gahn, »die junge sympathische Weltretterin mit den funkelnden braunen Augen« im Mittelpunkt und nicht die Ökostrom-Wechselparty.

Ich mühte mich nun ab mit Stromtarifen, erklärte die Bedeutung umweltfreundlicher Energie, doch als Rückfrage kam nur: »Glauben Sie nicht auch, dass für Ihren Erfolg ausschlaggebend war, dass Sie eine junge hübsche Frau sind?« Total verdattert saß ich da mit meinen Unterlagen und den Flyern und hatte die ganze Zeit über Ökostrom erzählt.

Was war denn das? Klar, ich bin eine Frau, und ich bin's gern und auch stolz darauf, aber was bitte hatte das mit Ökostrom zu tun?

Doch das war aber noch nicht das Ende der Peinlichkeit. In meinem ganzen Leben hatte ich noch kein richtiges »Fotoshooting« gemacht, jetzt sollte ich posen. Ich war ja bereit, einiges für die Weltrettung zu geben ... Also gut, dachte ich, wenn's der Sache hilft. »Haben Sie nicht was Elektrisches?«, fragte die Fotografin jetzt. Anschließend wurden ultraplakative Fotos gemacht: Ulla mit Glühbirne, Ulla mit Steckdose, Ulla hält einen Wasserkocher hoch – während die beiden mich anfeuerten: »Bitte noch ein bisschen mehr lächeln.« Die hatten ein regelrechtes Modelshooting im Kopf, dauernd hagelte es neue Regieanweisungen: »Die Nase nach rechts, und die Lippen nach links, die Ohren ein bisschen seitlich, und dann noch ein bisschen Brust raus!«

Hier lief was falsch, ganz sicher. Es reichte! »Also, meine Damen, auf Seite eins unten möchte ich nicht kommen. Schluss jetzt!«, sagte ich. Sie grinsten nur, wussten genau, worum es mir ging. Ich wollte nicht als knackige Ökobraut verkauft werden.

Beim Abschied sagte ich, dass ich gern ein Belegexemplar hätte, ob sie das veranlassen könnten. Aber die Redakteurin lächelte nur süßlich und flötete: »Nein, das geht leider nicht, aber kaufen Sie sich doch eine *Bild*. So unterstützen Sie unsere Zeitung.«

Mitten in dieser heißen Phase der Partyvorbereitungen erlebte ich dann noch etwas sehr Schönes: Ich bekam Besuch von der Familie Mader aus Ansbach. Es war eine Verabredung, die ich schon vor einem Dreivierteljahr klargemacht hatte, lange bevor die Stromparty-Idee überhaupt geboren war.

Die Freundschaft zu der Familie Mader besteht schon in der dritten Generation. Mein Großvater war schon zur Kinderlandverschickung während des Ersten Weltkriegs bei dieser Bauernfamilie gewesen, zu Zeiten, als man auf den Höfen noch aus einer gemeinsamen Schüssel aß, den Löffel abschleckte und an den Tisch hängte. Später war meine Mutter als Nachkriegskind in der »schlechten Zeit« dort gewesen, und schließlich waren meine Geschwister und ich, wenn wir in den Sommerferien zu meinen Großeltern fuhren, oft auf diesem Bauernhof zu Besuch.

Es war ein sehr wichtiger Termin für mich, ein Besuch, den man nicht einfach wieder absagt. So kamen Markus und Evi, also die Maders in dritter Generation, mit ihren beiden Kindern übers Wochenende zu mir. Genau in der Megaphase mit Organisation und Telefonieren und Stress pur.

»Wir machen es uns irgendwie schön«, versprach ich. »Aber ich muss euch vorwarnen, hier tanzt gerade der Bär.« Sie reagierten völlig unkompliziert: »Mach dir keine Sorgen, wir kriegen das schon hin.«

Eigentlich hatte ich das totale Chaos befürchtet, doch ich erlebte etwas ganz anderes, etwas, das ich so gar nicht kannte: Erdung durch Familienalltag. Als die Maders am ersten Abend von ihren Streifzügen durch Leipzig nach Hause kamen, fanden sie mich im Zustand völliger Auflösung und Hektik vor – »Hilfe! Und überhaupt!« Doch Evi konnte das überhaupt nicht erschüttern, sie sagte nur: »Kein Problem, kruschtel du noch ein bissl am Computer, wir machen was zu essen.« Kurze Zeit später steckte ihre kleine Tochter den Kopf zur Tür herein. »Essen fertig!« Wie lange hatte ich das nicht mehr gehört, unweigerlich erinnerte ich mich an traute Familientischrunden mit meinen Eltern und Geschwistern daheim, als ich noch ein Kind war. Und so verließ ich mein Weltrettungsbüro, setzte mich in die Küche – und wir aßen Nudeln mit Tomatensauce. Es war ein unglaublich schöner Moment. Es tat mir gut, mit diesen Menschen zusammen zu sein, die mich aufgeregtes Huhn mit ihrer Ausgeglichenheit auf den Boden der Realität holten.

Plötzlich merkte ich, was für ein verrücktes Leben ich führte, immer unter Druck, ohne jemand, der mich aufrichtete oder bekochte, mit dem ich mich unterhalten oder gemeinsam scherzen konnte. Gleichzeitig spürte ich aber auch, dass ein »normales« Leben nicht für mich bestimmt war, dass ich ein anderes Talent und daher auch eine andere Aufgabe habe. Hätte ich Familie und Kinder, die Partys hätte ich nie in diesem Ausmaß machen können.

Wir redeten an diesem und den kommenden Abenden viel. Über Leben und Arbeit, Festanstellung und Selbstständigkeit, ob und wie man seine Lebenssituation beeinflussen kann. Während ich meinen Freunden zuhörte, wurde mir bewusst: Viele Leute denken, sie könnten nichts bewirken. Eigentlich denken dies die meisten. Und während ich genauer nachfragte, kam heraus, dass es vielfach die beruflich existierenden Hierarchien waren, die es fast unmöglich machten, neue Richtungen einzuschlagen. Obwohl ich schon lange aus dem Angestelltensein heraus war, konnte ich gut verstehen, wie man sich fühlt, wenn einem die Hände gebunden sind, weil man in der zweiten Reihe steht, und man begreift: Finden die Chefs keine Lösung für bestimmte Probleme, wird es vielleicht überhaupt keine geben.

Ich merkte, dass ich anders war. Von klein auf mit einer flotten Lippe gesegnet, hatte ich noch nie in Betracht gezogen, dass man etwas *nicht* ändern kann, was mir nicht einleuchtete oder noch nicht optimal erschien. Mir fiel das so leicht wie Vespern: Wenn der Käse nicht aufs Brot passt, knicke ich die Ecken ab und klappe sie einfach nach oben.

Meinen Aktivismus habe ich nie als besondere Begabung gesehen. Für mich war es eher bewundernswert, zwei Kinder großzuziehen, zu arbeiten, dabei noch genügend Zeit für schöne Sachen zu haben und frisch und vergnügt zu bleiben. Irgendjemand hat diesem Aktivismus dann einen Namen gegeben: Zivilcourage. Ich selbst hätte es nie so genannt, ich dachte, das ist ein Wort für Leute, die sich mutig einsetzen und beispielsweise dazwischenfunken, wenn Ausländer und ältere Menschen belästigt werden. Aber es gibt auch kleine Auswirkungen dieses großen Wortes – etwa eine Ökostromparty.

Dieser Gedanke beschäftigte mich noch lange. Von nun an sagte ich, wenn es um die Ökostrom-Wechselparty ging: »Jeder kann etwas bewirken, jeder Einzelne, jeder Mann, jede Frau. Auch dann, wenn man resigniert hat und meint: ›Ich bin doch gar nicht wichtig, auf mich hört ja doch keiner.‹«

Die Diskussionen mit den Maders waren ein Schlüsselerlebnis für mich. Mir wurde klar: Es reicht schon, dass ich bei diesen Partys auf der Bühne stehe und die Leute merken, dass ich es geschafft habe, aus dem Nichts eine Veränderung im Kleinen zu bewirken. Hoffentlich ist dies eine Inspiration, und gleichzeitig eine Motivation für andere, auch einen Schritt in diese oder eine andere Richtung zu wagen.

Vielleicht kann mein Beispiel ein Anstoß für viele sein. Man muss sich nur sagen: »Hey, ich kann etwas verändern! Ich mache jetzt mein Ding!« So kann man sich beispielsweise dafür einsetzen, dass sich die Mitarbeiter einer Firma besser verstehen, dass der Müll getrennt wird oder dass keine Hunde auf den Spielplatz scheißen. Im Grunde ist es völlig gleichgültig, was man tut, Hauptsache, man steht dahinter und findet sich nicht mit dem ab, was schiefläuft.

Das Gespräch mit Evi und Markus kam im richtigen Moment. Ich befand mich in einer Phase, in der meine Idee gerade einen großen Wachstumsschub hatte und ich einige grundsätzliche Überlegungen anstellte.

Wie sah die Gesamtausrichtung des Weltrettungsprojekts aus? Wo wollte ich hin? Wie würde das Ganze in zwei, in fünf, in zehn Jahren aussehen? Mittlerweile war uns allen klar, dass unser Konzept eine unglaubliche Wucht bekommen hatte. Und damit übernahmen wir Verantwortung, für uns stand fest, dass wir es nicht mehr hinschmeißen konnten. Barbara brachte es irgendwann auf den Punkt: »Wir sind es, Ulla, auf deren Schultern die Zukunft ruht – wir!«

Als sie diesen großen Satz ausgesprochen hatte, fühlten wir uns total komisch, irgendwie zwischen Lachen und Weinen. Dies mag überdreht klingen, aber Barbara und ich sagen: »Unser Leben hört nicht beim persönlichen Umfeld auf, man lebt in einer Gesellschaft, und man lebt in einer Welt, für die man auch einen Teil der Gesamtverantwortung hat.«

Wenn ich gefragt wurde: »Wie lange willst du das noch machen, wie lange kannst du noch so viel von dir selbst in dieses Projekt investieren?«, dann antwortete ich: »Es gibt noch einen Gesamtzusammenhang, einen Weltzusammenhang. Da kann ich nicht einfach die Tür zumachen und sagen: ›Nee, ich suche mir jetzt einen Job und kaufe mir einen neuen Fernseher und vielleicht in ein paar Jahren auch ein schönes Auto.‹« Das machen sowieso schon viel zu viele.

Unser Land ist sehr arm an Helden (und noch ärmer an Heldinnen), und deswegen schaut es auch vor unserer Tür so aus, wie es ausschaut. Barbara und ich haben deshalb irgendwann beschlossen: »Okay, dass mag alles irgendwie tupperwareartig und hausfrauenkittelmäßig wirken, aber wer genauer hinsieht, der erkennt, was wirklich dahintersteht.« Mit dieser Haltung kommt man auch über Rückschläge und Enttäuschungen hinweg.

Viele sind schon so satt und träge, dass sie sich nach nichts mehr sehnen. Man muss vielleicht selbst hungrig sein und noch etwas vom Leben wollen. Und man muss für sein Glück kämpfen wollen, sonst versinkt man zu leicht in Bequemlichkeit.

Manche meinten: »Ach, was die Ulla macht, ist doch typisch für ein Kind des Sozialstaats, immer dieses Helfersyndrom!« Meine Motivation konnte durch solche Statements nicht eingeschränkt werden. Ich erlebte ja, wie viel ich tun konnte. Ganz konkret, und mit ziemlicher Wirkung. Dass Leute auf die Partys kamen, die nicht mal ihre eigene Stromrechnung lesen konnten. Dass es einen riesigen Wissensbedarf gab. Dass ich mit meinem Wissen wertvolle Hinweise vermitteln konnte. Warum sollte ich also stattdessen fernsehen?

Jeder hat ein Recht auf Information, auf Hilfe. Mein Motto ist: »Wer nicht selbst laufen kann, muss ein Fahrrad nehmen dürfen.« Es ist sowieso ein Skandal, wie wenig die Leute über erneuerbare Energien wissen. Das Verrückte ist ja, dass einem vorgegaukelt wird, über das Internet seien alle wichtigen Hinweise schon da und leicht zugänglich. Doch blanke Fakten, unemotional und ohne Verständnis für den Zusammenhang in die Welt geworfen, sind leer und nutzlos.

Das habe ich besonders erfahren, als ich vor gut zwei Jahren für einige Zeit in Australien in einer Aborigines Community gearbeitet habe. Diese alte Kultur ist uns um einiges voraus, auch ohne Internet. Sie haben sich zu eigen gemacht, dass man sich Informationen am besten in Form von Geschichten merkt.

Meine Partyvorträge waren so etwas wie eine eingedeutschte Energieversorgungs-Dreamtime-Story, nur ohne Didgeridoo, das obertonreiche Blasinstrument.

Bei den australischen Ureinwohnern ist Wissen außerdem immer untrennbar mit Verantwortung verknüpft. Wenn man etwas erlernt, ein Geheimnis anvertraut bekommt oder mit einer Gabe gesegnet ist, beinhaltet das automatisch die Verpflichtung, dieses Wissen zum Nutzen der Gesellschaft einzusetzen.

Der Zugang zu Informationen ist entscheidend in unserer Welt – und wird in Zukunft noch entscheidender werden. Deshalb sind die Partys so wichtig, als Plattform, wo Fakten greifbar werden, wo man nachfragen kann, wo man eine Antwort erhält. Wer hat schon Lust und Zeit, sich als Anfänger durch die ganzen Infos am Computer oder in Broschüren durchzuackern? Wer kann schon unterscheiden, was Schwindel ist und was vertrauenswürdig?

Wissen für normale Menschen verfügbar zu machen ist wie eine Art Revolution von unten. Wenn die Leute Bescheid wissen, dann können sie einen Entschluss fällen – und beispielsweise ihren Stromanbieter wechseln. Der Wind in den Segeln der Atomstrom- und Kohlestromkartelle ist gleichsam das Geld jener Bürger, die zahlen, ohne nachzudenken. Deshalb will ich den Strom-Multis genau diesen Wind aus den Segeln nehmen.

»Wir sind das Volk« – dieser Slogan ist alles andere als hohl. Wenn das erst in den Köpfen der Menschen angekommen ist, entsteht daraus bewusster Konsum, Konsum-Courage, das heißt echte Selbstständigkeit und Eigenverantwortlichkeit. Der Wechsel zu Ökostrom ist der Beginn dazu.

10 *Elektrisiert* **IN MÜNCHEN**

Die Idee, in München eine Ökostrom-Wechselparty zu machen, hatte ganz persönliche Gründe: Aus der Zeit, in der ich in dieser Stadt lebte, kannte ich noch eine Menge Leute, die mich – hoffentlich! – unterstützen würden. Meine Mutter und viele meiner alten Freunde wohnten ja dort oder in der Nähe.

Schnell kristallisierte sich ein idealer Termin heraus: Am 7. Juli, einem Samstag, war Al Gores weltweites Klimaschutzkonzert »Live Earth« geplant, und darauf setzte ich. Die deutsche Bühne für das globale Ökohappening sollte in Hamburg stehen, und so lautete die Titelzeile für meine Presseerklärung: »Hamburg feiert, Berlin redet, und in München wird die Welt gerettet!«

Doch wo sollte das in der bayerischen Landeshauptstadt passieren? Ich rief Gasthäuser an, typische Szenecafés und andere Veranstaltungsräume, aber mein Partyplan gestaltete sich schwierig – und sauteuer. Irgendwann dachte ich: Okay, probieren wir mal die *home connection*. Ich fragte meine Mutter, die mir tatsächlich helfen konnte: Sie gab mir die Telefonnummer von Ruth Paulig.

Ruth Paulig ist Landtagsabgeordnete bei den Grünen. Sie stammt aus demselben Landkreis wie meine Mutter, und auch ich kannte sie, weil wir uns früher beim Rodeln auf dem Jaudesberg in Breitbrunn getroffen hatten. Als ich sie erreichte, war sie schon informiert, offenbar hatte meine Mutter sie ein wenig angespitzt. Kaum hatte sie sich alles angehört, da ratterte sie Namen und Telefonnummern herunter, dass es die reine Freude war. Ich schrieb unentwegt mit, am Ende hatte ich zwei DIN-A4-Seiten mit Eins-A-Kontakten bekritzelt.

Als ich alles notiert hatte, fragte sie, ob ich für die Location schon bei der Muffathalle angefragt hätte. Der Christian Waggershauser, einer der Geschäftsführer, sei im Grunde seines Herzens auch ein Weltretter. Da könnte was gehen.

Die Muffathalle? Oha. Ich holte tief Luft. Darauf wäre ich nicht wirklich gekommen. Barbara und ich hatten manchmal gescherzt, wann wir wohl das Olympiastadion für eine Party buchen könnten. Die Muffathalle an der Isar ist zwar nicht so groß wie das Olympiastadion, dennoch fasst der Kunst- und Kulturtreffpunkt 1500 Leute.

Nachdem Ruth Paulig mir den Tipp gegeben hatte, dachte ich trotzdem: Ein Anruf kann nicht schaden. Mehr als abwinken können die auch nicht. Ich wählte also die Nummer und sagte meinen Spruch auf: »Ich habe die Ökostrom-Wechselparty erfunden, wir machen jetzt eine deutschlandweite Tournee ...«

Einen Tag später hatte ich den Chef persönlich am Ohr. Christian Waggershauser war mit seinem umweltbewussten Hintergrund und einem Schuss Rock 'n' Roll verrückt genug, sich das Ganze anzuhören. Natürlich hatte er erst einige Bedenken, denn die Location ist eine etablierte Konzert- und Partyhalle, und einen Flop mit einer Benefizaktion konnte er sich nicht leisten. Es ging ein bisschen hin und her, doch dann war irgendwann klar: »Ihr könnt die Halle haben!«

Im Nachhinein kommt mir das wie eine grandiose Fügung vor. So stellte sich heraus, dass in dem Club nebenan am selben Tag die Sommerparty vom Studentensender M94,5 laufen sollte. Ein Grillstand war geplant – und damit war auch unser Catering gesichert. Es konnte nicht besser sein. Eine ganze

Muffathalle mit Walnusskuchen zu versorgen, das hätte nun wirklich meine Vorstellungskraft überstiegen. Aber ein Blech für die Helfer wollte ich wenigstens backen.

Willi Wermelt, der technische Leiter der Muffathalle, war bei der Vorbereitung ein zusätzliches Ass im Ärmel. Er empfahl eine Puppenspielerin für die Kleinen, ich organisierte einen A-Capella-Chor, dessen Mitglieder ich in Leipzig auf einem Festival kennengelernt hatte.

Allmählich bekam die Party ein Gesicht. Wir hatten am Ende neben der Puppenspielerin und dem Chor eine Kinderbastel-Frau und zehn Expertinnen und Experten, beispielsweise vom projekt21plus, vom Ludwig-Bölkow-Institut und vom Verein »Mütter gegen Atomkraft«. Barbara hatte in endlosen Telefonaten eine richtige Experten-Lawine losgetreten. Neben den Fachleuten zogen auch alle Anbieter mit. Land in Sicht!

Mein Joker war die Übertragung des weltweiten »Live Earth«-Konzerts am 7. Juli 2007, viele Musiker nahmen daran teil, etwa James Blunt, Katie Melua, Genesis oder Madonna. Dies brauchten wir, dies wollten wir haben, das würde unser Zuckerl für die Gäste sein. Dafür musste ich aber eine *public viewing license* besorgen – und das wurde fortan meine ganz persönliche Angelegenheit. Wenn ich schon die Muffathalle habe, sagte ich mir, dann aber gleich richtig.

Kein Mensch kann sich vorstellen, wie kompliziert es ist, eine solche Lizenz zu erhalten. Das war nicht Sport – das war Hochleistungssport. Ich recherchierte – ich war nach einem Kurzaufenthalt in München wieder in Leipzig – und fand heraus, dass man sich über das Internet als Veranstaltungspartner für eine *public viewing license* anmelden musste. Auf dieser Al-Gore-Konzertgeschichte war nämlich der totale Rechtsdeckel drauf. Man bekam diese Lizenz nur, wenn man einen mehrseitigen, wahrscheinlich von mindestens zehn hochdotierten amerikanischen Rechtsanwälten ausgetüftelten Vertrag unterschrieb, mit hundert Klauseln, was man alles nicht machen durfte, beispielsweise den Veranstaltungsnamen in der Werbung nennen – und Al Gore schon gar nicht.

Der Vertrag war so dick wie ein Telefonbuch und bestand eigentlich nur aus Knebelparagrafen, doch ich dachte: Egal, ich mach's. Also beantragte ich die Lizenz, bekam wenig später Post aus Amerika, unterschrieb und hatte nun tatsächlich eine *public viewing license*. Die erste für diese Konzertübertragung in München, doch die Konkurrenz schlief nicht.

Jetzt wurde ich endgültig übermütig, denn dies reichte mir noch nicht. Ich wollte keinen Fernsehmitschnitt mit Werbepausen, sondern das originale Satellitensignal, also ungeschnitten und ohne Unterbrechung. Damit wäre meine Veranstaltung dann selbst in der starken Münchner Konkurrenz einzigartig. Doch wie um Himmels willen kam ich auch noch an eine Satelliten-Lizenz? Es gab einen Satelliten, den man anpeilen musste, und einen Code, den man brauchte, um das Signal zu dechiffrieren. Parallel versuchte ich den Amerikanern den Code herauszuleiern, um das Signal zu knacken, und mir einen Techniker zu besorgen, der es mir auf den Bildschirm zauberte.

Schließlich rief ich Carl Hecker an, den Chef einer Tonveranstaltungsfirma, mit dem ich einst in einer Big Band gespielt hatte – er an der Trompete, ich an der Posaune. Das ist ein Fall für ihn, dachte ich. Und tatsächlich: Er spendierte mir einen Techniker, der mit seinem Satelliten-Köfferchen zur Muffathalle fuhr. Was für eine Geste.

Wir hatten nun die Nase vorn, waren in München die Ersten, die mit der Pressemitteilung »Original-Satellitensignal« rausgingen. Das war natürlich der Kick. Doch dann kam flugs darauf der jähe Absturz in Form einer SMS von Barbara: »Mit dem Satelliten ist etwas schiefgegangen, ruf mal den Techniker an.« O nein! Der Techniker erklärte: »Der Satellit stand zu tief, ich hatte keinen Empfang. Davor war ein Gebäudekomplex, den ich leider nicht wegsprengen konnte.« Das war ein trauriger Moment. Ein Schritt vor, zwei zurück. Doch irgendwann sagte ich mir: »Ich kann es nicht ändern, also nehmen wir das Fernsehsignal.« Mit Werbung. Shit happens.

Doch je näher die Veranstaltung rückte, desto mehr knirschte es im Getriebe. Zum ersten Mal klingelten bei mir die Alarmglocken, als ich mit einem Experten telefonierte, der bei einem Umweltinstitut arbeitete und sich nebenbei politisch engagierte. Bei unserem Gespräch war er auffällig zögerlich, und ein paar Tage später schickte er eine Mail: »Weißt du, was in der *Süddeutschen Zeitung* steht? Green City macht eine Ökostrom-Wechselparty in der Muffathalle. Und ich dachte, das ist dein Baby!«

Mir fiel fast das Herz in die Hose. War das ein Witz? Ideenklau? Eine bewusste Fehlinformation? Ich konnte mir das nicht vorstellen, hatte ich mit dieser Umweltorganisation doch bislang nur positive Erfahrungen gemacht. Es stellte sich dann als Missverständnis heraus, aber die Information war an die Öffentlichkeit gelangt.

Doch damit nicht genug. Kurz vor der Party brachen mir auch noch die Plakatkleber weg, Handzettel und Plakate mussten zudem noch gedruckt werden. Ich mailte die Vorlage für all dieses an einen Münchener Copyshop, dann fragte ich meine Mutter: »Bitte, kannst du in den Copyshop gehen und dort Plakate für uns abholen und sie zum Stadtbüro der Grünen bringen? Die Leute von den Ortsverbänden holen sie dort ab, alles ist organisiert.« Meine Mutter tat mir den Gefallen.

Als ich abends mit ihr telefonierte, übermittelte sie mir die bittere Nachricht: »Das hat leider nicht geklappt. Die wollten die Plakate nicht annehmen.« – »Wie bitte?«, rief ich. »Ja«, bestätigte meine Mutter, »die Frau im Stadtbüro sagte, es sei nicht abgesprochen gewesen.«

Es war die alte Geschichte: Alle wussten Bescheid, nur eine

Person hatte am Ende die wichtige Information nicht weitergegeben. So musste meine Mutter mit den hundert Plakaten wieder abziehen.

Das ist jetzt eine Abgelegenheit für Green City, dachte ich in diesem Moment. Wenn sie sich schon mit fremden Federn schmückten durften, sollten sie wenigstens auch etwas dafür tun. »Machen wir«, versprachen sie, »her mit den Plakaten.« Also gab meine Mutter sie ein paar Tage später bei Green City ab – dort blieben sie aber größtenteils liegen.

Mittlerweile waren es nur noch zehn Tage bis zur Party. Es wurde Zeit, dass ich vor Ort das Ruder übernahm. Ich packte meinen Koffer und fuhr nach München für die letzten Vorbereitungen. Abgenervt war ich von diesem Desaster schon, aber was nützte es? »Leute«, sagte ich, »wir müssen alles selbst machen. Diese ganzen Kooperationen können wir knicken.«

Trau keinem, außer den besten Freunden und der Familie, sagte ich mir. Und so lief es: Meine Mutter rief ihre Freundin Rita an, zu dritt zogen wir los und machten mit den restlichen Plakaten unsere Tournee durch die Geschäfte.

Mittags musste ich zur Muffathalle fahren, zur Technikbesprechung mit Willi Wermelt. Der versetzte mir gleich den nachsten Dampfer: »Hört mal, ihr müsst aufpassen«, warnte er mich, »wenn ihr einfach wild plakatiert, teilt das KVR sofort Strafen aus.«

Das KVR ist das Kreisverwaltungsreferat – von Insidern auch »Spaßverderber-Amt« genannt. Die sind in München zum Beispiel dafür verantwortlich, dass ein Saxophonkonzert am Karfreitag abgesagt wird, mit der Begründung, an diesem Feiertag würde doch Tanzverbot herrschen. Es sind hier in dieser Stadt oberscharfe Ordnungshüter im Vergnügungssektor tätig.

Als Willi Wermelt mir das mitteilte, hatten meine Mutter und ihre Freundin schon seit Stunden Bäume und Hauswände mit den Plakaten zugepflastert, weil die Münchner Schickimicki-Läden keine Plakate aufhängen wollten. Wenn das mal gut ging!

Nach einem kurzen Krisen-Brainstorming beschloss ich: Wenn es an der Plakatfront klemmt, brauchen wir eben mehr Handzettel. Die beiden Frauen sind daraufhin noch einmal in den Copyshop gegangen und haben neue Handzettel drucken lassen, die dann von den Geschäften angenommen wurden.

Schließlich hatte ich auch noch die schwierige Münchner Veranstaltungspresse geknackt, schwierig deshalb, weil Ökothemen nicht zu ihren Lieblingsthemen gehörten. Also: ein echter Etappensieg: Jetzt würden alle erfahren, dass der 7. Juli, 17 Uhr, geblockt werden musste.

Einen Tag vor dem Ereignis kamen dann noch ein paar Last-Minute-Chaos-Anrufe. Es meldeten sich Typen bei uns, die auf der Ökostrom-Wechselparty messestandmäßig ihre Produkte präsentieren wollten. Klar, wir hätten die antanzen lassen und eine Standmiete kassieren können, doch das wollten wir nicht. Ein Gemischtwarenladen war nicht unsere Ambition. Unsere Message sollte eindeutig sein. Wir schlugen vor, dass sie als Experten willkommen sind, aber ohne Stand.

Bei der Münchner Party wollte ich unbedingt die verschiedensten Produzenten von Ökostrom dabeihaben: Solar, Wasser, Wind und Biomasse. Leider sagte der Windkraftanbieter im letzten Moment ab. Nun hatte ich ein Wind-Loch.

Kurz vor 17 Uhr, kurz vor Beginn der Party, rief ich: »Türen zu, Helfer-Besprechung!« Das gesamte Team versammelte sich in der Muffathalle. »So, Leute, wir stehen vor einem legendären Abend«, sagte ich, nachdem ich den Helfer-Kuchen ausgeteilt hatte. »Die Ökostrom-Wechselparty hier in München ist so groß wie noch keine Party zuvor. Vielen Dank, dass ihr alle da seid. Bleibt ruhig und nennt auf keinen Fall irgendwelche Firmennamen, die zum Stromkartell gehören, sonst wandere ich in den Knast!«

Nun konnte es anfangen. Es war eine Aufregung wie vor einer Theaterpremiere. Und wieder raste mein Herz: Ob sich wohl jemand zeigen würde?

Ich hatte mir für München einen besonderen Ablauf ausgedacht: eine sich ständig wiederholende Kurz-Party. Ich ging davon aus, dass die Besucher stündlich wechseln würden – immerhin sollte die Veranstaltung bis 22 Uhr gehen, also volle fünf Stunden dauern. Folglich reichte ein Durchlauf nicht, wenn laufend neue Besucher vorbeischauen sollten.

Die Experten hatten wir auf Zehn-Minuten-Vorträge getaktet, die sie regelmäßig wiederholen sollten, und ich wollte im Zwei-Stunden-Rhythmus meinen Ökostromvortrag halten. Dazu kamen immer wieder die Runden mit den Anbietern – es war schon so ein bisschen wie auf dem Jahrmarkt.

Doch die Taktik war richtig: Es war total lebendig, ein Kommen und Gehen, alle waren entspannt, es war immer genug Platz an den Ständen – und bei diesem Angebot von Experten blieb wirklich keine Frage offen. Info satt. Ein Ökohappening mit Wohlfühlfaktor und hohem Aufklärungsquotienten.

Wunderschön waren die Auftritte des A-Capella-Chors Sound Affaire. Die Puppenspielerin und die Bastelfrau entertainten die Kinder, meine Mutter hatte draußen vor der Muffathalle einen Geschicklichkeitsparcours mit einer Bonbonschleuder aufgebaut. Die Eltern standen vor dem Strompreisrechner und bombardierten die Experten mit Fragen, alles lief, alles groovte, so, wie ich es mir besser nicht hätte träumen können.

Und ich? Ich schwebte irgendwo auf Wolke sieben, hatte Adrenalinüberschuss, machte den Conférencier und hatte die Augen überall, damit bloß nichts danebenging.

Trotz meiner inzwischen schon vier Partys umfassenden Erfahrung war die Zusammenarbeit mit den Aktivisten immer noch eine Herausforderung. In meinem Organisationsüberschwang hatte ich gar nicht daran gedacht, dass viele von ihnen es nicht gewöhnt waren, einfach so vor Leuten zu sprechen, ohne Redeskript, ohne schützendes Pult, ohne Bühne. Mir selbst macht es überhaupt nichts mehr aus, das Mikrofon in die Hand zu nehmen und vor vielen Menschen zu sprechen. Nicht wenige Experten und Aktivisten dagegen sind schüchtern, manche trocken in ihrem Vortrag, manche weltfremd, andere vergessen, dass sie kein Spezialistenpublikum vor sich haben und deshalb ohne Fachausdrücke sprechen müssen.

Hinzu kommt, dass ein allzu missionarisch-kämpferischer Ton das Publikum verschreckt, und dann klingt das Thema Klimaschutz nicht mehr interessant, sondern nach Qual und Verzicht. Zeitweise wehte aber genau dieser »Ökoaktivismus« durch die Halle, den ich gerade nicht wollte. Mir geht es doch darum, das Nützliche mit dem Angenehmen zu verbinden, und Umweltschutz mit Spaß zu betreiben, um möglichst die Leute zu erreichen, die sich sonst vom Naturschutz-Dunstkreis eher fernhalten.

O Gott, dachte ich manchmal, das klingt jetzt wie auf einer Demo beim Castor-Transport, voll die Agitation. Ich wusste genau, dass die Gäste bei solchen Protestreden dichtmachen – und eins, zwei, drei verschwunden sind. Mit derartigen Ansprachen erreicht man die Spaßgesellschaft nicht.

Schon wieder lernte ich einen neuen Beruf im Sekundenschnellverfahren: Wie eine Talk-Show-Moderatorin musste ich mir nun mühevoll das Wort zurückerobern, Unklarheiten ausräumen und die Experten, wenn nötig, diskret abmoderieren. Boah!

Aber es passierten auch lustige Sachen. Der Vertreter der Münchner Stadtwerke erzählte, sie hätten im Tierpark Hellabrunn bereits ein Biomassekraftwerk. »Wir machen aus Elefantenmist Strom«, erzählte er jedes Mal aufs Neue vergnügt, wenn ich ihm das Mikrofon hinhielt, »und das läuft natürlich super!«

Wie schon bei allen vorangegangenen Partys gab es wieder eine Gästeliste am Eingang. In München hatte ich dort meine Mutter und ihre andere Freundin Rosmarie postiert. Zerberus Bempf hatte ein Konzert und konnte deshalb nicht dabei sein.

Die beiden Damen trugen für alle sichtbar unsere Helfer-T-Shirts, erstmalig gab es nämlich schicke schwarze Team-Shirts mit dem knallgrünen Aufdruck »Ökostrom-Wechselparty« – von der Leipziger Firma Spreadshirt gesponsert, natürlich aus Ökobaumwolle. Über fünf Stunden standen sie am Eingangstresen und verpflichteten jeden der rund dreihundert Gäste zur Unterschrift. Sie arbeiteten im Akkord und ohne Pause, eine olympiaverdächtige Leistung. Immer, wenn ihnen ein Gast zu entwischen drohte, schoss Rosmarie hervor und sagte: »Ach, entschuldigen Sie, Sie müssen hier noch kurz unterschreiben!«

Die Presse zog voll mit. Es waren Journalisten vom *stern*, von der *SZ*, vom Berliner *Tagesspiegel* und der Münchner *Abendzeitung* da, außerdem zwei Fernsehteams. Die Journalisten stürzten sich auf meine Mutter, als ich ihnen in während meiner Moderation nicht zur Verfügung stand. Ich staunte nicht schlecht, als ich zufällig hörte, wie meine Mutter einer Redakteurin mal eben zwischen Tür und Angel mein Leben in den Block diktierte. Da half nur noch der herzhafte Tritt auf die Bremse – ich stellte mich hinter die Journalistin und gab meiner Mutter mit wilden Zeichen zu verstehen: »Nein, nein, aufhören!« Meine Mutter war mir ein wenig zu freizügig mit Details aus meinem Privatleben.

Als die Party nach fünf Stunden vorbei war, fühlte ich mich tatsächlich wie ein Jahrmarktsausrufer. Ich weiß noch, wie ich mit letzter Kraft den Abbau koordinierte, nur noch halb bei Bewusstsein, und für die Fernsehkamera einen letzten Gang durch den blau angestrahlten Hof machte. Und dann saß ich irgendwann nachts mit meiner Mutter im Auto, mit einer Wasserflasche in der Hand. Ich schaffte es gerade noch, Barbara anzurufen und zu hauchen: »Es war supergeil!« Daheim fiel ich nur noch ins Bett und wusste nicht mehr, wo ich war und was ich tat. Ich war völlig leer genudelt.

Am nächsten Tag war ich eigentlich nicht ansprechbar, kein Wunder nach diesem Marathon. Doch in aller Herrgottsfrühe trudelte ein Fernsehteam vom WDR ein, das noch ein paar »Heimatbilder« mit mir drehen wollte. Um vier Uhr morgens hatten sie schon, wie ich später erfuhr, auf dem Garagendach gestanden, um den Sonnenaufgang zu drehen.

Als ich um zehn auf die Terrasse kam, blass und müde, wollten sie noch ein Interview. Ich packe das nicht, dachte ich voller Panik. Der Redakteurin sagte ich: »Hören Sie mal, es tut mir leid, aber ich kann Ihnen eigentlich überhaupt nichts mehr erzählen, ich kann nicht mehr.«

Sie war total nett, und so setzten wir uns erst einmal hin und tranken Tee. Langsam berappelte ich mich wieder, setzte mich für die Kamera mal hierhin und mal dorthin, um diverse Fragen zu beantworten. Schließlich kam die Redakteurin auf die glorreiche Idee, mich beim Joggen zu filmen. Also zog ich mir Turnschuhe an und lief durch den Wald. Prompt fing es zu regnen an.

Das Interview ist mir aber aus einem anderen Grund in Erinnerung. Irgendwann fragte mich die Journalistin: »Warum machen Sie das denn?« Komischerweise fing ich an zu stottern, doch sie ließ nicht locker. Während ich redete und redete, wurde mir plötzlich klar, dass ich keine befriedigende Antwort auf ihre Frage hatte. Ich sehe mich noch heute dort im Wald, der Regen prasselte auf die Blätter, ich stand unter einem Baum, weil der Kameramann ein paar dekorative Zweige im Bild haben wollte, während ich mir einige Antworten zusammenbastelte, die mich selbst nicht überzeugten.

»Weil es doch gemacht werden muss«, sagte ich schließlich verzweifelt, »weil es nötig ist, weil es auf der Hand liegt.«

Dennoch, ich wusste ja selbst: Nur für mich persönlich lag es auf der Hand, für den Rest der Welt nicht. Was also war der Kern der Sache? Wieder tauchte das Wort »Verantwortung« in mir auf. Auf die Gefahr hin, fortan als Ökophilosophin abgestempelt zu werden, versuchte ich, meine tieferen Beweggründe sichtbar zu machen: »Ich habe von der Gesellschaft, in der ich groß geworden bin, profitiert – ich konnte in die Schule gehen, mir ein vielfältiges berufliches und privates Netzwerk aufbauen. Also muss ich dieser Gesellschaft auch etwas zurückgeben. Es ist eine Frage des Gemeinsinns, seinen Teil zur Gesellschaft beizutragen.«

So hatte es die Journalistin noch nicht gesehen. Ungläubig sah sie mich an. »Ich weiß, ich werde nie reich sein, in meinem ganzen Leben nicht«, erzählte ich weiter. »Ich werde keine große Firma aufbauen können und dann für gute Zwecke spenden. Meine Arbeit ist meine Spende. Ja, so ist das.«

Als das Team abgefahren war, setzte ich mich wieder auf die Terrasse und starrte eine Weile ins Grüne. Tausend Dinge gingen mir durch den Kopf. Es war ein komisches Gefühl, nach dem ganzen Partytrubel so ruhig dazusitzen.

Allmählich kam noch ein sehr persönliches Thema in meinen Blick: meine Mutter. Sie hatte nun hautnah mitbekommen, mit welcher Hingabe ich meine Ziele verfolgte. Später am Tag hörte ich, wie sie zu einer Freundin sagte: »Ich stehe kurz vorm Herzinfarkt! Ich weiß nicht, wie die Ulla diesen Höllenritt aushält – mir explodiert ja schon der Kopf, und ich helfe nur mit!«

Diese Worte gingen mir runter wie Öl. Meine Mutter und ich waren vorher öfter mal in Diskussionen aneinandergeraten, bei denen es um leidige Themen wie Leistung und Erfolg ging. So wie die meisten anderen Mütter auch, hatte sie sich immer eine »Karriere« für mich gewünscht.

Ich habe einiges von meinen Eltern geerbt, das Organisationstalent zum Beispiel von meiner Mutter, und von meinem

Vater die Güte und den Blick für die Welt. Doch weil ich mit sechzehn Jahren aus dem Haus ging, hatten meine Eltern seitdem nicht mitverfolgen können, wie die von ihnen gestreute Saat aufging. Umso schöner war es, dass meine Mutter nun stolz auf ihre Tochter sein konnte. Anders stolz. Auch ohne Karriere, Eigenheim und vermögenden Schwiegersohn. Und mein Vater schaute sich das Ganze von oben an, wie man so schön sagt, und er wäre sicher ebenso stolz gewesen, wenn er das noch erlebt hätte.

Für meine Mutter war es schwer gewesen, meinen Umzug nach Leipzig nachzuvollziehen. Freiwillig »in die Zone« zu gehen, das fanden auch die meisten meiner früheren Münchener Bekannten höchst skurril. Für mich war es eine bewusste Entscheidung. Neben allen anderen Vorteilen der Stadt war es auch so etwas wie meine persönliche Wiedervereinigung. Taten statt Worte, das zählt nicht nur beim Strom.

Nachdem meine Mutter nun mit eigenen Augen gesehen hatte, was in der Muffathalle abgegangen war, begriff sie, was ich wollte, begriff, welchen Sog und welche Aura die Aktion hat. München war insofern nicht nur eine gelungene Party, es war auch mein persönliches Erfolgserlebnis – weil meine Mutter anerkannte, dass nicht nur Karriere und finanzielle Sicherheit etwas zählt. Mein Beispiel zeigte ihr: Das Wichtigste ist, dass man mit dem, was man tut, glücklich ist.

11 *Mit leeren Batterien* **PARTY AM RHEIN**

Als ich nach der Münchner Party zurück nach Leipzig fuhr, war ich völlig ausgepowert. Kein Wunder, denn wenn man sechs Wochen lang sein ganzes Leben auf ein einziges Event fokussiert, bröselt man in sich zusammen, wenn es vorbei ist. Ich wollte nur noch schlafen, mich erholen, denn ich merkte, dass ich auf dem Zahnfleisch ging. Doch als ich zu Hause die Wohnungstür aufschloss, stolperte ich mitten hinein ins absolute Chaos. Meine Wohnung war verwüstet, verdreckt, völlig durcheinander, eine einzige Katastrophe.

Erst allmählich fand ich heraus, was passiert war. Ich hatte während meiner Abwesenheit einen Gast gehabt: Philipp, einen Australier, der meine vier Wände als Homebase für seine Europareise benutzte. Das war im Grunde völlig in Ordnung, weil er mir während meines Australienaufenthalts auch sehr viel geholfen hatte. Seine Methode allerdings war voll daneben: Er hatte sich nicht, wie verabredet, zwei Tage, sondern eine ganze Woche bei mir eingebucht und gehaust wie ein Penner. Danach hatte er das Schlachtfeld verlassen – ohne zu putzen, ohne aufzuräumen. Meine Wohnung war praktisch unbewohnbar – Küche, Bad, alles war richtig versifft, ein Grauen. Das ist das Letzte, was man braucht, wenn man sich nur noch ins Bett packen will.

Fürs Großreinemachen hatte ich weder Kraft noch Zeit. Ich fragte die Putzfrau, die im »Horns Erben« ausgeholfen hatte, zum Glück hatte sie Zeit, und der Australier musste mir, nachdem ich ihn am Handy erwischt und zur Schnecke gemacht hatte, versprechen, sie zu bezahlen, wenn er das nächste Mal in Leipzig wäre.

Nach diesem Krisenmanagement schmiss ich mich wieder an meinen neuen Computer. Diesen hatte mir meine Großtante spendiert, weil sie nicht mehr mit ansehen konnte, wie ich an meiner alten Krücke verzweifelte. Sie löste ihren Bausparvertrag auf, meine Geschwister und ich erhielten jeder einen Anteil, und so konnte ich mir endlich einen anständigen, schnellen Computer leisten.

Es waren auch nur noch zwei Wochen bis zur Düsseldorf-Party. Der Gastgeber Paul Jüttner hatte anfangs nicht wissen können, worauf er sich einließ, als er mir die Halle versprach. Und so war er doch etwas überrumpelt, als er merkte, was für eine Riesenwelle da auf ihn zurollte. Die Politik hatte sich angesagt: Bärbel Höhn wollte erscheinen. Das war ein Joker, denn sie war ein Garant dafür, dass die Medien über die Party berichteten. Doch ich wusste, dass ich Nachbarschaftswerbung brauchte, um eine volle Halle zu bekommen.

Die Düsseldorfer Grünen versprachen, für uns Plakate zu kleben. Doch dann – ich sage nur: »Und täglich grüßt das Murmeltier.« Als die Plakate gedruckt waren, erschien kein grüner Hilfstrupp, um sie abzuholen. Sie lagen tagelang bei Paul in der Halle herum. Zur Hölle mit diesen ganze falschen Versprechungen! Das Delegieren war mal wieder voll in die Hose gegangen. So fuhr ich zusammen mit Bernhard Schwandt zwei Tage eher als geplant nach Düsseldorf, wir stellten unser Gepäck bei Paul ab und machten uns sofort an die Arbeit.

Paul war nicht nur großartig, weil wir die Halle von ihm hatten und er uns bei sich wohnen ließ. Er besorgte mir einen Tontechniker, der in einer linksbewegten Kommune wohnte und sich für die Sache begeisterte. Deshalb machte er uns einen sehr guten Preis für die Beschallung.

Nun musste ich die Plakatnummer regeln. Mit einer Tesarolle und den Plakaten unter dem Arm rannte ich durch das Viertel rund um die Halle. Laden für Laden klapperte ich ab: »Guten Tag, wir machen eine Ökostromparty, schauen Sie, und das ist das Plakat, dürfte ich das vielleicht ins Schaufenster hängen?« Obwohl die meisten Geschäftsinhaber die Idee witzig fanden, nahmen manche es wieder ab, als ich fort war.

In meiner Verzweiflung ging ich auf einen Ökowochenmarkt. Und dort, endlich, fand ich eine wirklich interessierte Klientel. Die Leute von den Bioläden waren auf Anhieb begeistert. Ich gab ihnen Handzettel und sagte: »Stecken Sie die in die Tüten der Kunden rein.« Die Verkäufer waren eine Riesenunterstützung, sie halfen mir ohne großes Nachfragen.

Am Abend traf ich mich mit Paul am Hafen, der absoluten Trendgegend von Düsseldorf. Ich hatte mir in den Kopf gesetzt, dass alle Leute kommen sollten, nicht nur die Ökos. Klimaschutz geht jeden an.

Am unteren Ende des Hafens liegt ein Restaurant neben dem anderen, ein Club folgt dem nächsten. Man sah schon an den Autos, die davor parkten, dass dort eine Menge Kohle unterwegs war. Lauter gut gekleidete Söhne und Töchter stiegen aus den Schlitten, mit Perlenkettchen, teuren Uhren und schicken Handys am Ohr. Hier waren nur Junge, Reiche und Schöne unterwegs.

In einem Edelclub ließ man mich gar nicht erst rein, mit meinen Plakaten unter dem Arm schien ich nicht erwünscht zu sein. Der Türsteher murmelte etwas von »geschlossener Gesellschaft«. So eine Arroganz aber auch! Ich zog weiter die Hafenmeile entlang. Doch die Trefferquote war in dieser hippen Gegend entsprechend gering: »Nee, wir hängen nichts auf, das ist nicht unser Stil.«

Ein Erfolgserlebnis hatte ich aber. Ich war bei einem Nobel-Italiener hineinspaziert, und am Tresen sagte man mir, nachdem ich meine Frage formuliert hatte: »Da müssen Sie den Chef fragen, der steht draußen.« Ich hatte vor dem Lokal schon einen italienisch aussehenden Typ gesehen, der sich mit einer Dame unterhalten hatte.

»Ja, guten Tag«, sagte ich. »Ich heiße Ulla Gahn, und ich mache hier eine Veranstaltung für Ökostrom. Schauen Sie, hier habe ich ein Plakat, könnte ich das vielleicht bei Ihnen aufhängen?«

Keine Reaktion, der Chef starrte mich nur an wie eine Außerirdische. »Die Party kostet keinen Eintritt«, redete ich weiter drauflos. »Sie ist offen für alle, eine Informationsveranstaltung.« Noch immer musterte er mich skeptisch, doch dann sagte die Frau plötzlich: »Ach, Sie sind das, ich habe Sie im Radio gehört. Ja, Alberto, das musst du aufhängen, das ist was Gutes!« Mann, was für ein geiles Gefühl! Ich hatte es geschafft, in einem der besten Italiener am Düsseldorfer Hafen ein Plakat aufzuhängen. Nach diesem Erlebnis gingen Paul und ich erst einmal eine Currywurst essen.

Die Zeit lief uns davon, es wartete Arbeit im Akkord auf uns – und dann war auch schon der Veranstaltungstag da. Wieder mal war das Wetter ein Megathema. Der Wetterbericht hatte angekündigt, dass es an diesem Abend ganz dicke kommen sollte. Ein oberheftiges Sommergewitter, ein Sturm von der Sorte, bei der man besser gleich zu Hause bleibt. Der Beginn der Party war diesmal auf 19 Uhr angesetzt. Wie würden die Leute, das war die Frage, auf diese Wetterprognose reagieren?

Als wir mit dem Aufbau fertig waren, erschienen die Caterer, Bekannte von Paul, die auf eigenes Risiko mitmachen wollten. Sie fragten mich: »Mit wie vielen Leuten rechnest du eigentlich?« Ich seufzte. »Hm, je nach Wetter mit hundert bis dreihundert Menschen, schauen wir mal.« Nicht gerade eine klare Ansage. Die Caterer waren trotzdem unheimlich gut drauf, hatten die Getränke selbst besorgt und bauten eine kleine Theke mit Antipasti auf.

Kurz bevor es losging, machte ich mit Paul einen Boxenstopp bei einem nahe gelegenen Hähnchen-Döner, doch Appetit hatte ich kaum. Ständig überlegte ich: »Was ist jetzt besser für uns? Wenn es regnet oder wenn es nicht regnet? Vorher, währenddessen oder nachher?«

Während wir vor unserem Brathähnchen mit Pommes saßen, wurde es draußen dunkler und dunkler, und irgendwann brach vor der Tür die Hölle los, mit einem Regen, der sofort die Straßen überschwemmte. Keiner wagte sich mehr aus dem Hähnchen-Döner-Laden raus.

Na, dann, gute Nacht! Schon nach zwei Schritten wäre man komplett nass gewesen, es war totales Weltuntergangswetter. Paul und ich sahen uns stumm an – und aßen weiter. Doch dann, wie das Schicksal es wollte, wurde der Regen weniger und weniger, und mit dem letzten Bissen war er verschwunden. Mit echtem Galgenhumor verkündeten wir unisono: »Na, wie haben wir das jetzt gemacht? Die Mittagspause ist durch, es hat sich abgeregnet, jetzt kann es nur besser werden!« Meine Schwester hätte gesagt: »Siehst du, Ulla, das Leben kümmert sich schon um dich, du musst dir nicht so viel Sorgen machen.«

Wieder zurück in der Halle, musste ich das Team sammeln und die Leute einander vorstellen. Barbara war wie immer super in der Vorbereitung gewesen und hatte jede Menge Helfer und Experten organisiert. Zwei kamen von der Greenpeace-Gruppe Düsseldorf, einer vom Besser-Essen-Projekt, so eine Art Foodwatch-Organisation. Ein anderer erschien mit einem Hybrid-Auto und wollte Probefahrten anbieten, dazu waren ein paar Leute von den Grünen und einer von der Verbraucherschutzzentrale erschienen.

Neu im Club waren Mitglieder von SolarKlar, einer interessanten Initiative aus der Kölner Gegend, die sich zum Ziel gesetzt hat, eine Brücke zu sein zwischen Hausbesitzern, die ökologisch umrüsten wollen, und den Firmen und Handwerkern, die auf diesem Gebiet spezialisiert sind. Die »Neuen« waren sehr gut drauf, zu Recht, denn sie boten etwas an, was es viel zu wenig gibt: eine Qualitätskontrolle. Also: Wenn man sich möglicherweise für eine Solaranlage entscheiden will, kann man bei SolarKlar anrufen – dann rechnen sie die Kosten durch und geben Tipps, welche Handwerker mit Markenqualität bauen. Natürlich waren die Vertreter von SolarKlar auch ideale Experten, die ich sofort fürs Podium engagierte.

Ich bin immer wieder glücklich, wenn ich sehe, dass meine Party auch ein Forum ist, auf dem sich die Umweltbewussten treffen und austauschen können, nicht länger Einzelkämpfer bleiben. Ein wichtiger Effekt ist außerdem, dass viele Leute, die auf einer meiner Partys zu Ökostrom wechseln, selbst zu Multiplikatoren werden. Jeder, der bei uns auf einer Stromwechselparty war, kann dem Nächsten erklären, worum es geht und was er tun kann.

Das Umwerfende an der Sache ist, dass meine Arbeit nachhaltig ist. Ich erzähle nicht nur einfach, was ich über Ökostrom weiß, sondern es passiert etwas, nämlich das Wissen multipliziert sich. Genau darauf kommt es mir an.

Eine weitere Person in der Expertenrunde war eine Frau aus Düsseldorf, die einen Ökostrom-Stammtisch gegründet hat. Paul hatte sie eingeladen. Auf dem Heimweg von der Halle war er an einem Lokal mit dem schönen Namen »Café Frieda« vorbeigekommen. Dabei war ihm ein Tisch aufgefallen, auf dem eine Holzsonnenblume stand, darunter befand sich ein Schild mit der Aufschrift »Ökostrom-Stammtisch«. Mit der bevorstehenden Party im Kopf hatte er die Frau einfach angesprochen und herausgefunden, dass sie einmal pro Woche ihren Stammtisch veranstaltet, wo man sich über sauberen Strom beraten lassen kann. Sofort sagte sie zu, bei der Party mitzumachen.

Zu guter Letzt kam auch noch eine Freundin aus Mainz ins Team: Steffi, die ich noch aus meinen Zeiten bei der IG Medien kannte. Sie erklärte sich bereit, die Pressebetreuung zu übernehmen. Endlich mal ein Profi, der die Medienvertreter in Empfang nahm.

Immer wieder sah ich auf die Uhr. 15 Uhr, 16 Uhr – wie würde es heute laufen?

Ich lief längst wieder auf hundertachtzig, wirbelte durch die Gegend und hatte meinen Moralischen, wie kurz vor jeder Party. Das ist einfach der schlimmste Moment: Man kann nichts mehr tun, alles ist vorbereitet, nun kann man nur noch abwarten, ob wirklich jemand erscheint.

Es waren Sommerferien in Nordrhein-Westfalen, das konnte uns das Kreuz brechen. Alle saßen vielleicht am Baggersee oder in der Toskana, statt sich für Ökostrom zu interessieren. Und dann? Der Gedanke, dass ich zur Abwechslung mal einen Flop landen könnte, machte mich total fertig.

Kurz vor 19 Uhr stieg meine Stimmung, denn es kreuzten schon Leute auf, bevor es überhaupt losging. Aus den vereinzelten Neugierigen wurden kleine Grüppchen, und meine Erfahrung sagte mir: »Jetzt wird alles gut.«

Innerhalb kürzester Zeit war die Halle auch tatsächlich gefüllt, es war ein Gedränge wie beim Sommerschlussverkauf. Und das, obwohl wir nicht einmal ein spezielles Kulturprogramm bieten konnten. Immerhin wollten wir als Extrabeigabe den Umweltfilm *Eine unbequeme Wahrheit* von Al Gore zeigen. Tagelang hatte ich telefoniert, um dafür eine öffentliche Vorführerlaubnis zu erhalten. Nach vielem Hin und Her und endlosen Gesprächen mit den Verleihern hatten Barbara und ich die Faxen dicke und entschieden: »Wir machen das jetzt einfach. Und wenn uns einer anschwärzt, dann haben wir eben Pech gehabt.« Doch als wir gerade zu allem entschlossen waren, flatterte uns die Genehmigung doch noch auf den Tisch. Es ging in

Ordnung. Glück gehabt, wir konnten den Film also ganz legal zeigen.

Wir hatten ein unheimlich gutes Setting. In der Halle von Syrius gab es wie bei einer Talkshow eine Couchecke, die wir zur Bühne erklärten. Das sah sehr loungig aus, ganz anders, als wenn man tatsächlich auf einer Bühne gestanden hätte. Für die Gäste hatten wir Bierbänke aufstellen lassen, denn ich wollte auf keinen Fall, dass Leute einen weiten Weg auf sich nahmen und nicht einmal einen Sitzplatz vorfanden. Vor allem die älteren Gäste waren dann auch heilfroh, dass sie sitzen konnten.

Alles lief bestens. Insgesamt hatten wir zweihundert Gäste, eine umwerfende Zahl. Bärbel Höhn segelte erst kurz vor knapp ein. Sobald sie zu sehen war, hielt ich meine Begrüßungsrede. Ich erklärte, was Ökostrom ist, warum man wechseln sollte, wo es Informationen gibt, wie es abläuft. Und dann ging es auf die Couch, wo ich die Anbieter vorstellte.

Das alles hatte einen höchst angenehmen Wohnzimmertouch. Ich setzte mich jeweils zu den Experten auf die Lehne, um sie zu befragen, fühlte mich als Moderation immer sicherer. Allmählich hatte ich ein Gefühl dafür bekommen, wie man das Publikum anspricht. Die Leute tranken in dieser gemütlichen Atmosphäre ihren Wein, aßen Antipasti und hörten vollkommen entspannt zu. Natürlich hatten sie wie immer tausend Fragen. Aber angesichts der unterschiedlichsten Experten, erhielt jeder eine kompetente Antwort.

Schon die Party in der Münchener Muffathalle war ein Riesenerfolg gewesen, doch die in Düsseldorf war top – das Team hatte wunderbar mitgearbeitet, die Gäste waren zufrieden, und ich hatte das Empfinden: Ja, so läuft es, so bewege ich etwas, jetzt habe ich meinen Stil gefunden!

12 *Stromkreis* **IM SOMMERLOCH**

In Düsseldorf, es war noch einen Tag vor der Party, saß ich mit Paul in einem Café. Zusammen überlegten wir, ob man nicht Fördermittel für das Ökostromparty-Projekt beantragen könnten. Plötzlich klingelte mein Handy. Es war Gerd Rosenkranz, mein Mentor von der Deutschen Umwelthilfe. Er fragte, ob ich Ende August im Lande sei. Mein Kopf war so voll, dass ich zerstreut antwortete: »Ja, ja, wieso denn?« Er gab mir keine Antwort, sagte nur, dass er sich noch einmal melden würde.

Eine halbe Stunde später, ich stand gerade in einem Klamottenladen und klebte ein Plakat an die Fensterscheibe, klingelte erneut das Handy. Gerd Rosenkranz war wieder dran. »Haben Sie im August Zeit?« Seine Stimme klang geradezu verheißungsvoll. Hm, überlegte ich, was will er wohl? Noch eine Ökostromparty packe ich nicht mehr, wenigstens nicht schon im August.

Während ich mit meiner Tesarolle im Schaufenster stand, hörte ich nur: »Es geht um ein Klimaschutztreffen, es findet im August statt.« Okay, dachte ich, er lädt mich zu einer Veranstaltung ein. Ein Termin mehr. Na ja, mal sehen. Ich hatte einfach keinen Kopf, um mir weiter Gedanken darüber zu machen, so sehr war ich mit der damals noch bevorstehenden Party beschäftigt. Skeptisch fragte ich ihn nur: »Was heißt denn das für mich?« Nach und nach stellte sich aber heraus, dass es sich offenbar um eine Ehrung handelte, um einen Preis für mein Projekt. Langsam dämmerte mir: Boah, das ist etwas Gutes!

Gerd Rosenkranz hielt den Ball ganz flach: »Sie sind erst einmal nur nominiert, die endgültige Entscheidung steht noch aus, aber ich wollte Ihnen trotzdem Bescheid sagen.« Ich stammelte nur: »Ja, okay, okay ...«

Einen Tag nach der Düsseldorfer Party machte ich mich mit Bernhard Schwandt auf den Heimweg. Wir fuhren in seinem Auto zurück, eine elendige Strecke voller Staus und Umleitungen. Als wir endlich wieder in Leipzig waren und in meine Straße einbogen, dachte ich nur noch: Jetzt gehe ich in meine Wohnung, stelle den Koffer ab, lege mich auf die Couch und mache zehn Tage nichts. Gar nichts. Ich hatte schon den Tunnelblick, da musste ich aufpassen.

Der erste Schreck durchfuhr mich, als ich aus dem Auto stieg: Mein Fahrrad stand nicht vor der Tür! Das ist der Albtraum für jeden Radbesitzer, ein Moment, den man immer befürchtet.

O nein!, dachte ich. Ausgerechnet mein schönes, altes Fahrrad! Meine »Schesn«! Die treue Begleiterin durch meinen Alltag und auf so mancher romantischen Fahrt zum nächtlichen Bad im Cospudener See. Es war ein leicht klappriges Ding, aber ich hing daran.

Aber ich war so fertig, dass ich mich nicht einmal mehr darüber aufregen konnte. Als ich die Eingangstür aufschloss, kam der nächste Schock: Meine Mülleimer aus Küche und Arbeitszimmer standen unten am Ausgang zum Hof. Das war absolut ungewöhnlich. Hatte etwa mein Mitbewohner den Sauberkeitsflash bekommen? Aber warum standen sie dann unten? Etwas beunruhigt ging ich in meine Wohnung, schaute zum Schlüsselbord und sah, dass mein Zweitschlüsselbund fehlte – mitsamt Fahrradschlüssel, Kellerschlüssel und allem Drum und Dran.

Sofort hatte ich einen furchtbaren Verdacht. Ich öffnete die Tür zum Wohnzimmer, und als ich die wild verstreut herumliegenden Sachen sah, außerdem einen Rucksack und einen Koffer, da wurde meine böse Vorahnung zur Gewissheit: Mein Australier war wieder da!

Ich fühlte mich wie in einem Horrorfilm. Dieser Typ hatte sich einfach wieder eingenistet, ohne mich überhaupt zu fragen! Ich empfand mich als so wehrlos und hilflos in diesem Moment, dass mir die Tränen kamen.

Es war einfach nicht zu fassen! Ich hatte nach dem vorherigen Erlebnis alle gewarnt, dass Philipp nicht einfach hereinschneien konnte, wie er wollte. Alle Freunde, alle Nachbarn waren informiert, auch mein Mitbewohner wusste eigentlich Bescheid – und nicht zuletzt Philipp selbst. Wenigstens klärte sich auf diese Weise die Sache mit dem Fahrrad, denn Philipp war offenbar gerade damit unterwegs.

Sofort stürzte ich runter zu meinen Nachbarn ins Erdgeschoss, doch die hatten ihm den Schlüssel nicht gegeben. Es stellte sich heraus, dass mein Mitbewohner ihn nichtsahnend reingelassen hatte. Philipp kann sehr überzeugend sein, und weil er im Grunde ein ganz netter Kerl ist, da denkt man: Der kann keiner Fliege etwas zuleide tun. Deshalb hatte mein Mitbewohner keinen Verdacht geschöpft – trotz meiner Vorwarnungen.

Zitternd stand ich vor meinen Nachbarn: »Ich weiß nicht mehr, was ich tun soll, ich packe das nicht, ich halte das nicht mehr aus!« Ich stand kurz vor dem totalen Nervenzusammenbruch.

Meine Nachbarn setzten mich erst mal auf ihre Couch und brachten mir etwas zu trinken. Während mein Hirn Galopprennen lief, dachte ich: Wenn ich mit dem Typen nicht fertig werde, muss ich die Polizei holen, sonst werde ich ihn nie wieder los.

In meiner Verzweiflung rief ich Barbara an. Besorgt sagte

sie: »Ulla, du klingst furchtbar. Du musst etwas tun! Stell ihm die Taschen vor die Tür, mach einfach irgendwas.« Okay, sagte ich mir, gute Idee. Also ging ich wieder nach oben in meine Wohnung und fing an, das Gepäck von Philipp zusammenzuräumen und es vor die Tür zu tragen. Hauptsache, ich tat überhaupt etwas.

Es dauerte nicht lange, und mein unerwünschter Besucher zeigte sich in der Tür. Ich konnte kaum noch sprechen, so aufgebracht war ich. »Was fällt dir ein«, krächzte ich, »ich komme gerade aus Düsseldorf, bin fertig, will mich erholen, und du okkupierst einfach meine Wohnung? Das war nicht abgemacht!« Er sah mich völlig entgeistert an.

»Du musst jetzt gehen«, rief ich mit letzter Kraft.

»Was soll das? Warum schickst du mich weg?«, fragte er, als ob nichts geschehen wäre. Schließlich versuchte er, mich milde zu stimmen.

»Ich will nichts mehr hören«, unterbrach ich ihn, »nimm deine Sachen und geh!«

Ich lief in mein Zimmer und schloss die Tür. Ehrlich gesagt hatte ich Angst, dass er wütend wurde und ausflippte, denn er ist ein ziemlich kräftiger Kerl; ich hätte gegen ihn keine Chance gehabt. Eine Weile versuchte er durch die Tür hindurch auf mich einzureden, doch schließlich sah er ein, dass er den Bogen meiner Gastfreundschaft überspannt hatte.

Ich verlangte den Schlüssel und das Geld für die Putzfrau vom letzten Mal – er zahlte die Rechnung tatsächlich. Bevor er verschwand, beschimpfte er mich noch wüst: »Ich wünsche dir, dass du und dein Projekt den Bach runtergehen!« Es war wirklich nur noch geschmacklos. Dann zog er endlich ab.

Ich war restlos bedient, legte mich ins Bett und war zu nichts mehr zu gebrauchen. Dieses Erlebnis war der letzte Kick, den ich brauchte, um mir einzugestehen: So geht das nicht weiter. Was ist aus deinem Leben geworden? In den nächsten Tagen wurde es auch nicht viel besser, der Schreck saß mir noch in den Gliedern.

Ich rettete die Welt, gut und schön, aber wer rettete mich? Es war Sommer, alle anderen fuhren zum Baden oder verreisten, ich aber saß höchstens mal mit meiner Teetasse im Hof und versuchte, Zeitung zu lesen, zur Abwechslung einmal völlig normale Sachen zu tun. Doch irgendwie gelang es mir nicht, zur Ruhe zu kommen.

Jedes Mal, wenn ich meinen Computer anschaltete, kamen Anfragen, auch der Anrufbeantworter war voll davon: »Wir haben es im Fernsehen gesehen, wir haben es im Radio gehört, ja, ich möchte auch wechseln, können Sie mich beraten?« An Stille war überhaupt nicht zu denken, es ging einfach weiter. Zwischendurch rief die Sekretärin der Deutschen Umwelthilfe an: »Der Preis ist noch nicht offiziell, aber könnten Sie mir vorsichtshalber schon mal Ihren Lebenslauf und einen Text und ein Foto schicken?«

Das hieß: Wieder etwas liefern, wieder Mails verschicken. Im Nachhinein betrachtet kann ich sagen, dass ich klassische Burn-out-Symptome aufwies.

Barbara schlug vor: »Fahr doch einfach heim!« Ich wusste, dass meine Schwester und meine beiden Nichten bei meiner Mutter zu Besuch waren, und das oberbayerische Land mit seinen Seen ist natürlich herrlich zum Baden. Doch die Vorstellung, schon wieder den Koffer zu packen und unterwegs zu sein, machte mich ganz wuschig. Doch irgendwann sah ich es ein: Ich brauchte einen Tapetenwechsel.

Meine Mutter hatte mir sowieso in den Ohren gelegen: »Eine Luftveränderung wird Wunder wirken, du wirst sehen. Hier können wir uns um dich kümmern, wir verwöhnen dich mal richtig. Die Schnuckies freuen sich schon so auf dich!« Die Schnuckies, das sind meine beiden Nichten Miriam und Mirecila.

Langsam freute ich mich sogar auf Bayern. Auf meine Familie, auf Tage im Liegestuhl, aufs Badengehen und Barfußlaufen. Also setzte ich mich an den Computer und schrieb auf unsere Website: »Wir haben Sommerpause, hier läuft nichts, das Büro ist nicht besetzt.« Das tat gut. Das erste Mal durchatmen nach einem halben Jahr voller Hektik!

Nachdem mir der Zahnarzt noch eine neue Füllung verpasst hatte, packte ich meinen Koffer und fuhr los. Die Backe war noch ziemlich dick, aber ich war so müde, dass ich im Halbschlaf im Zug hing und stundenlang nichts hörte, nichts sah und nichts spürte.

Doch kurz vor München merkte ich: Oh, da stimmt irgendwas nicht. Ich hatte plötzlich teuflisches Zahnweh. Mit schmerzverzerrtem Gesicht kam ich bei meiner Mutter an. Meine Schwester war richtig erschrocken: »Ulla«, sagte sie, »was ist los? Ich erkenne dich gar nicht wieder, so schlecht warst du in deinem ganzen Leben noch nicht beieinander!« Das stimmte. Ich war ein Pflegefall.

Den ganzen Tag war ich im Bett oder draußen im Garten auf der Liege, wollte nichts wissen, niemanden sehen. Meine armen Nichten waren richtig verstört, denn sonst war ich immer für jeden Spaß zu haben gewesen, war für sie die Klamauk-Tante vom Dienst. Nun aber lag ich völlig apathisch in den Kissen, während draußen das schönste Sommerwetter war. Ich wollte nicht baden gehen, ich wollte keine Freunde sehen, ich wollte gar nichts mehr.

Das war Tristesse Royal. Ich befand mich auf dem Nullpunkt. Die Erschöpfung, die Schmerzen, noch dazu meine aussichtslose finanzielle Situation, das alles zog mich immer weiter runter. Und nah am Wasser hatte ich in dieser Zeit auch noch gebaut, da flossen schon mal die Tränen. Ich verzweifelte an dem Gedanken, dass ich mich komplett in mein Projekt reinhängte, dass ich alles gab und trotzdem verhungerte.

Meine Freundin Birgit war die Erste, die es schaffte, mich aus diesem Zustand herauszubringen. Sie saß stundenlang an meinem Bett, hörte sich wieder und wieder das ganze Jammertal an und versuchte mich zu trösten: »Das wird schon wieder, ganz bestimmt.«

Auch Eike kam vorbei. Er überredete mich sogar, mit ihm zum See runterzugehen. Es war herrlich, wir liehen uns ein Boot, und er ruderte mich einfach übers Wasser. Da konnte ich zum ersten Mal nach zwei Wochen wieder lächeln.

Wir redeten viel während seines Besuchs. Und je länger wir sprachen, desto klarer wurde mir, wie wenig verständlich meine Hingabe an die Weltrettung für Außenstehende ist. Und wie stark ich es riskierte, dass wegen ihr Freundschaften in die Brüche gingen.

Es tat gut, alles noch einmal mit ihm Revue passieren zu lassen, denn erst im Nachhinein hat Eike letztlich verstanden, warum ich mein Weltrettungsprojekt aus der Taufe gehoben hatte – und meinen Freunden immer weniger Zeit widmen konnte. Von einem Moment auf den anderen war ungeheuer viel gleichzeitig passiert, und es war schwer, das alles auch noch jemand anderem mitzuteilen. Das Schlimme war, dass mir durch diese Gespräche meine fatale Situation nur umso deutlicher vor Augen geführt wurde. Ich hatte so viel aufgegeben – und war doch nur immer tiefer gerutscht.

Dann kam ein Anruf, der alles änderte, und zwar von der Deutschen Umwelthilfe: »Wir möchten Ihnen mitteilen, dass Sie den Deutschen Klimaschutzpreis 2007 bekommen!«

Eigentlich hätte ich jetzt losjubeln müssen, doch ich war so neben der Kappe, dass ich mich überhaupt nicht freuen konnte. Kaum zu glauben, doch im ersten Augenblick begriff ich überhaupt nicht, was das für mich bedeutete. Später rief mich Gerd Rosenkranz an und erklärte mir, dass es sich um eine große Ehre handeln würde und der Preis auch dotiert sei – mit 10 000 Euro.

Allmählich realisierte ich, dass diese Auszeichnung ein Gottesgeschenk war. Als ob das Universum meinen Hilferuf gehört hätte! Jetzt begann ich mich etwas zu entspannen, der Preis bedeutete Anerkennung und Geld. Mit Letzterem hatte ich immerhin ein gravierendes Problem weniger.

Gerd Rosenkranz erzählte mir weiter, dass man mich am 20. August nach Berlin zu einer feierlichen Verleihung einladen würde. Eine Laudatio sollte gehalten werden, und man erwartete auch eine Dankesrede von mir.

Ich war noch so auf dem Überlebenstrip, dass ich das alles erst einmal von mir wegschob. Es klingt sicherlich völlig verdreht, aber meine Weltschmerzattacke hatte mich schwer am Wickel, und so sah ich bei aller Freude bald wieder nur die Arbeit, die auf mich zukam.

Ich rief Barbara und Suse an, die Luftsprünge machten, während ich nur herumnölte: »Aber ich muss extra nach Berlin, und die wollen jetzt einen Text, das ist total stressig!« Sie mussten mich gleichsam gedanklich schütteln, damit ich aus meiner Jammerarie aufwachte. »Egal, Ulla«, sagte Suse, »Wenn du dich auch noch nicht freust, dann freuen wir uns wenigstens schon mal für dich.«

Halb wieder aufgerichtet fuhr ich zurück nach Leipzig. Die Sommerpause war vorbei, ohne dass sie richtig stattgefunden hatte. Bald stand ich schon wieder auf der Brücke meines behelfsmäßig zusammengezimmerten Weltrettungsdampfers. Bald hagelte es wieder Anfragen: »Wo sind die nächsten Partys?« Nach einer Weile begann es wieder in mir zu kribbeln: Ja, ich war aufgeregt. Denn eine wichtige Frage musste geklärt werden, auch wenn die weder mit Strom noch mit der Umwelt zu tun hatte: Was sollte ich zur Preisverleihung anziehen?

Conny, eine Freundin aus Leipzig und Musikerin wie Suse, hatte erfahren, dass mir dieser Mega-Event in Berlin bevorstand. Deshalb rief sie mich an und sagte: »Komm vorbei, wir schauen mal in meinen Kleiderschrank.«

So standen wir ein paar Tage später vor diesem und checkten die Outfits. Nicht zu schick, aber auch nicht zu schlicht, das war meine Vorstellung. Musikerinnen kennen sich aus mit Bühnenklamotten, und schließlich gab Conny mir ein paar ihrer Kleider mit, die ich bei mir zu Hause anprobieren sollte.

Ich stellte mich vor den Spiegel und zog ein Gewand nach dem anderen an. Doch irgendwann rief ich Conny frustriert an: »Conny, es sind nicht die Kleider, das Problem sind eher die Schuhe. Ich habe keine für diesen Anlass. Ich kann doch nicht in einem schicken Kleid aufkreuzen und dazu meine flachen Latschen tragen.«

Conny verstand gar nicht, was ich meinte: »Du wirst doch irgendwelche schicken Pumps haben?« Nee, hatte ich nicht. Stöckelschuhe gab es nicht in meinem Programm. Sie konnte es nicht glauben, kam extra bei mir vorbei, um sich meine Treter anzuschauen. Als das geschehen war, sagte sie: »Pass auf, du gehst jetzt los und kaufst dir ein paar schöne Pumps. Ich zahl sie dir, Ende.«

So wurde Conny Grohmann Sponsorin für meine Schuhe. Sie zog das wirklich durch! Zufällig war gerade Eike in Leipzig, der ein exzellenter Einkaufsberater ist, so engagierte ich ihn gleich als Stilexperten.

Ich hatte ein Kleid ausgesucht, eng, schwarz, im asiatischen Stil, mit silbernen Rosen darauf. Ich bin sonst nicht die Frau für Aufbrezel-Geschichten, doch jetzt machte es richtig Spaß. Mit dem Kleid in der Hand tingelten wir durch die Schuhläden – am Ende kaufte ich mir die ersten schwarzen Pumps meines Lebens.

Der Deutsche Klimaschutzpreis konnte kommen!

13 *Festbeleuchtung*
DIE ANERKENNUNG

Es war so weit: Der Kalender zeigte den 20. August 2007.

Wir hatten alle ganz schön gerödelt, um diesen Tag zu organisieren, mein größter Wunsch war es, dass möglichst viele Freunde dabei sein sollten. Eike wollte mich nach Berlin fahren, Suse und ihr Mann Peter waren extra früher aus dem Urlaub zurückgekommen, Conny hatte sich den Tag frei gehalten, sogar meine Mutter reiste nach Berlin, zusammen mit meiner Freundin Birgit. Birgit hatte die Zugtickets besorgt und meine Mutter eine Wohnung, in der sie beide übernachten konnten – Netzwerk, ich sag's ja, ich hab's von meiner Mutter gelernt.

Auch unser Vereinsmitglied Bernhard Schwandt wollte mit von der Partie sein; er hatte eine Videokamera im Gepäck, weil er alles filmen wollte. Dazu hatten sich einige Bekannte und Freunde aus Berlin angesagt. Wir waren ein bunter, illustrer Haufen, was mich sehr beruhigte, denn ich war ziemlich nervös. Allein Barbara fehlte. Aber sie war noch im Urlaub, in Rumänien, und das war nun wirklich zu weit weg, um mit dem Zug mal schnell nach Berlin zu fahren.

Ulla allein in Berlin – nein, das wäre nicht nur eine traurige Veranstaltung gewesen, es hätte auch so gar nicht meine Arbeit widergespiegelt. Mein Projekt war ein Netzwerkding, und dieser Preis war deshalb auch ein Preis für alle, die mich immer unterstützt hatten.

Die Deutsche Umwelthilfe hatte mir ein Hotelzimmer gebucht, das ich dankend annahm, denn alle verfügbaren Privatzimmer waren schon mit Freunden belegt. Eike hatte prompt ein Knöllchen am Scheibenwischer, weil es vor der Unterkunft keine vernünftigen Parkplätze gab.

»Du rettest die Welt, und ich kriege ein Knöllchen?«, rief er. Das war voll der Öko-Slapstick.

Das Hotel lag ein paar U-Bahn-Stationen vom Ort des Geschehens entfernt. Ich packte meine High Heels in den Rucksack und machte mich in der geländegängigen Variante auf den Weg. Die Preisverleihung fand im Veranstaltungssaal einer Bankengruppe statt, es war ein schickes Gebäude am Gendarmenmarkt. Unten mussten wir an einem Pförtner vorbei. Ich sagte: »Mein Name ist Ulla Gahn, und ich komme wegen der Veranstaltung heute Abend.« Der Mann sah mich mürrisch an. »Warten Sie, ich werde mal telefonieren.« Wir sahen uns verdattert an. Wusste der nicht Bescheid?

Wir mussten unten im Foyer eine Weile warten. Schnell holte ich meine hochhackigen Schuhe aus meinem Rucksack heraus, zog sie an und ließ die flachen Treter im Beutel verschwinden. Mir zitterten ganz schön die Knie. Ich dachte: Okay, du bis jetzt eine Preisträgerin und läufst mit deinen Stöckelschuhen irgendwie da rein. Es wird schon alles gut gehen.

Schließlich wurden wir nach oben zur Veranstaltung geführt. Alles wirkte sehr feierlich, es war ein hoher Raum mit einer Kassettendecke, viel Glas dazwischen, fast schon eine Kirchenatmosphäre. Dabei sehr schlicht und sehr modern eingerichtet, unglaublich edel.

Als Erstes entdeckte ich einige Leute von der Deutschen Umwelthilfe, mit denen ich oft telefoniert hatte und die mich herzlich begrüßten: »Endlich sehen wir uns mal!« Nach und nach trafen auch meine Freunde ein, und schon startete der Empfang.

Jeder erhielt eine Pressemappe und ein Namensschildchen,

auch meine Gäste. Ich hatte ein Schild bekommen, auf dem »Preisträgerin« stand. Das war extrem cool!

Ich wurde jetzt von Pontius zu Pilatus gereicht, musste Hände schütteln und versuchte, mir wenigstens ein paar Namen zu merken. Auf meiner High-Heels-Jungfernfahrt stakselte ich zusammen mit Gerd Rosenkranz herum, der mich den Leuten einzeln vorstellte.

Es war ein Empfang für über zweihundert geladene Gäste mit einem absolut avantgardistischen Catering. Die Kellner reichten nicht etwa Sekt und Orangensaft, sondern es gab einen unglaublich farbenfrohen Cocktail mit Früchtemix-Stäbchen und noch weitere außergewöhnliche Entree-Drinks. Auch die Häppchen waren vom Feinsten – ich glaube, Datteln mit Speck war noch das Schlichteste, was herumgereicht wurde.

Doch vor lauter Nervosität konnte ich weder essen noch trinken. Ich musste immer an meine Dankesrede denken, an der ich eine Woche lang gefeilt hatte. Außerdem war als Moderatorin Bettina Böttinger vom WDR engagiert worden, und ich hatte ein bisschen Angst vor übermäßig investigativen Fragen. Diese Angst war zum Glück völlig unbegründet, denn sie übernahm später nur die Zwischenmoderationen.

Nach dem Empfang gingen wir in den Saal, der sehr festlich aussah, so richtig mit Bühne, Rednerpult und riesigem Blumenschmuck. Für mich war in der ersten Reihe ein Stuhl reserviert, neben den Plätzen der Umwelthilfe, einem Mitarbeiter von Sigmar Gabriel und ein bisschen Politprominenz. Mein Herz klopfte, mein Atem ging flach. Die sind alle meinetwegen hier, dachte ich, das ist der helle Wahnsinn!

Nun wurden alle möglichen feierlichen Reden vom Stapel gelassen. Erst sprach jemand von der Deutschen Umwelthilfe, dann der Präsident von Toyota-Deutschland, der das Preisgeld gestiftet hatte. Schließlich war Gerd Rosenkranz an der Reihe, der eine herzwärmende Laudatio hielt. Nach all den schwierigen Wochen und Monaten war jedes einzelne seiner Worte Balsam für meine Seele. Und ich merkte an den Reaktionen, dass die Leute im Raum von meiner Idee begeistert waren.

Kein Wunder. Es war deutlich zu spüren, dass Gerd Rosenkranz wusste, wovon er sprach. Ich glaube, dass man meine Partys nur begreift, wenn man einmal eine mitgemacht hat. Die Münchner Party, an der er teilgenommen hatte, musste ihn beeindruckt haben, das war nicht zu überhören.

Applaus, Applaus. Hey, und nun musste ich auf die Bühne, zur Preisüberreichung! Total schwindelig vor Aufregung stöckelte ich auf das Podium, man überreichte mir einen Riesenblumenstrauß, und ich strahlte mit den Scheinwerfern und den Blitzlichtern der Fotografen um die Wette.

Jetzt kam der große Augenblick: meine Dankesrede. Meine Hände waren eiskalt, mein Kopf leer, und ich war nicht sicher, ob ich überhaupt einen unfallfreien Satz herausbringen würde. Zitternd ging ich zu meinem Stuhl, legte den Blumenstrauß ab und holte meine Notizzettel. Dann stieg ich wieder auf die Bühne.

Erst einmal musste ich tief Luft holen, denn es war ein so emotionaler Moment, dass ich Gefahr lief, in Tränen auszubrechen. Die ganze Wucht des Augenblicks erwischte mich und haute mich fast um.

Als würde in meinem Kopf ein Kino ablaufen, in Sekundenschnelle zogen Bilder an mir vorbei, Bilder von diesem abenteuerlichen Weg, der hinter mir lag, Bilder von den Partys, den Menschen, die mir geholfen hatten, von den Erfolgserlebnissen und den Rückschläge, vom Spaß und der Verzweiflung – und jetzt stand ich auf einer Bühne und war nur noch überwältigt.

Erwartungsvoll sahen mich alle an. Ich atmete tief ein und sagte: »Sehr geehrte Damen und Herren, also, ich muss mich erst einmal ein bisschen sammeln, denn das alles ist ganz schön viel für mich. Ich habe Ihnen einen Film von einer meiner Partys mitgebracht, der Ihnen erklärt, was ich mache. So muss ich mir nicht den Mund fusselig reden.«

Als der Film zu Ende war, zückte ich meine Zettel und hielt meine Dankesrede, noch total bewegt. Endlich hatte meine Arbeit Früchte getragen. Ich bedankte mich zuerst bei der Deutschen Umwelthilfe für den Mut, eine Newcomerin wie mich auszuzeichnen. Ich war dahergekommen und hatte frech behauptet: »Hallo! Ich rette die Welt!« – und diese etablierte Organisation, dieses Urgestein des deutschen Naturschutzes, hatte sich für mich entschieden.

Es war mir sehr wichtig rüberzubringen, wie sehr ich die Arbeit dieser Fachleute schätzte und wie sehr ich von ihrem Wissen und ihrer Erfahrung profitiert hatte. Dann bedankte ich mich bei meinen Helfern und Freunden, die mit mir durch dick und dünn gegangen waren.

Zum Schluss hielt ich gleichsam noch einen philosophischen Exkurs: »Meine Damen und Herren, mein Projekt ist auch ein deutliches Zeichen einer neuen Zeit. Die Tatsache, dass ich mich hinstelle und ohne Geld etwas tue, die Tatsache, dass es Leute gibt, die mich unterstützen bei einer Sache, die einfach wichtig ist – das bedeutet, dass wir wegkommen vom materiellen, gewinnorientierten Denken. Die Zeiten, wo Geld alles ist und Gesellschaft nichts, wo ausgebeutet wird und man nicht über die Urenkel nachdenkt, sind vorbei. Ebenso werden die Tage der Atom- und Kohleindustrie bald vorüber sein. Es werden immer mehr Reissäcke durch das Schlagen von Schmetterlingen einfach umfallen. Krawatten müssen sich zwangsweise lockern, damit sich die Hälse besser und umfassender umschauen können. Wir müssen die Welt neu sehen lernen.«

Alle sahen mich stumm an. Es wurde mucksmäuschenstill. »Das musste ich unbedingt auf dieser Veranstaltung loswerden«, schloss ich, »und deshalb: Willkommen in einer neuen Zeit!«

Das waren meine Schlussworte, ein Riesenapplaus setzte danach ein. Mir fielen kiloweise Steine vom Herzen. Was für ein Tag! Was für eine Anerkennung!

Nach der Abschlussrede ging es zum Büfett, doch für mich war der gemütliche Teil noch längst nicht angebrochen. Nach dem offiziellen Teil, das hatte ich mir vorgenommen, wollte ich Small Talk machen. Business Small Talk.

Ich hatte auch meine Freunde angespitzt, die Augen offen zu halten: »Wir müssen hier Visitenkarten einsammeln wie die fleißigen Bienen den Honig. Vielleicht müssen wir dann nicht mehr so viele Bittbriefe schreiben!«

Nicht, dass ich berechnend war, doch dies hier war eine Chance, die sich nicht so schnell wieder bieten würde. Die 10 000 Euro Preisgeld waren wirklich eine hohe Summe, doch letztlich reichte auch dieses Geld nur für ein paar Monate, um das Projekt fortzuführen. Wenn ich also irgendwo existenziell wichtige Kontakte knüpfen konnte, dann genau hier.

Doch erst einmal ruderte die Marketingfrau von Toyota auf mich zu und beschwor mich, dass ich doch unbedingt am nächsten Tag mit einem bestimmten Journalisten sprechen solle. Er würde mich anrufen. Hallo? Was war das? War ich jetzt Eigentum von Toyota? Das Premium-Journalisten-Häppchenfutter?

Ich hatte sowieso schwer geschluckt, als ich erfuhr, dass Toyota den Preis gesponsert hatte. Ich war immer davon ausgegangen, dass das ein Preis der Umwelthilfe war, deshalb hatte ich auch gleich zugesagt, als ich von der Nominierung erfuhr. Erst hinterher fand ich heraus, wer das Geld stiftete – und das war ein Schreckmoment gewesen: Autofirma und Klimaschutz, wie passte das denn zusammen? Mein einziger Trost war, dass Toyota ein gescheites Hybrid-Auto baut, immerhin.

Ich schüttelte die Toyota-Frau ab, für einen solchen Deal war ich nicht zu haben. Ich ging hinüber zum Büfett, denn es gab so viele Leute, die mit mir sprechen oder einfach gratulieren wollten. Meine Erleichterung war grenzenlos – ich hatte es geschafft, ich hatte diesen Festakt überstanden, und nun wollte ich ein bisschen mit meinen Freunden feiern.

Gleichzeitig schaute ich, ob mir nicht irgendjemand helfen konnte, damit das Projekt weiterging. Ich hatte mittlerweile Anfragen aus zehn, fünfzehn Städten in Deutschland – und, wie gesagt, kein Geld auf dem Konto. Also sammelte ich zwischendurch Visitenkarten en masse und teilte auch selbst jede Menge eigenhändig gebastelter aus. Die hatte Eike noch im Hotelzimmer mit der Hand ausgeschnitten, während ich meine Haare föhnte. Lustigerweise geriet ich auch immer wieder in Situationen, in denen man mich um Hilfe anfragte: »Entschuldigen Sie, ich bin die und die Person und würde gern ...«

Nach gefühlten zwei Stunden – vielleicht war auch nur eine halbe Stunde vergangen, ich hatte komplett das Zeitgefühl verloren – sah ich plötzlich, dass das Büfett abgeräumt wurde. Ich schnappte mir Suse: »Bitte rette mir was zu essen, sonst falle ich völlig vom Fleisch!« Meine Freundin reagierte schnell: Sie lud zwei Teller randvoll mit Speisen und bewachte sie mit Argusaugen. Derweil gingen meine Gespräche weiter.

Plötzlich steckte mir jemand eine Karte zu, der seltsamerweise gar nicht mit mir reden wollte. Er sagte nur: »Rufen Sie mich mal an«, danach war er schneller verschwunden als ich schauen konnte. Als ich mir die Karte ansah, las ich unter dem Namen: »BMU, Bundesumweltministerium, Referat Klimaschutz Erneuerbare Energien.« Das war genau die Karte, die ich mir am sehnlichsten gewünscht hatte!

Zum Schluss waren nur noch die Leute von der Deutschen Umwelthilfe und meine Freunde im Veranstaltungssaal. Mittlerweile war es schon spät geworden, und ich konnte mich endlich über meine zwei gesicherten Teller hermachen. Auch Gerd Rosenkranz hatte nichts vom Büfett erwischt, so reichte ich ihm eine zweite Gabel, und wir teilten uns die Häppchen. Meine Mutter, meine Freundin Birgit, Eike und ich waren dann die Letzten, die sich vom Acker machten. *So weit die Füße tragen*, dieser Filmtitel kam mir jetzt in den Sinn. Oder hieß er *Barfuß durch die Hölle*?

Als wir aus dem Bankhaus herausstolperten, stöhnte ich: »Leute, ich kann nicht mehr, ich muss jetzt sofort die Schuhe wechseln!« Am nächsten Laternenpfosten hielt ich mich fest und zog die Pumps aus. Meine Füße seufzten vor Glück.

Birgit war bester Laune und sie sagte: »Jetzt möchte ich auch mal probieren, auf solchen Dingern zu laufen. Darf ich?« Sie hatte wie ich vor diesem Auftritt auch noch nie in ihrem Leben Stöckelschuhe getragen, und so zog sie einen Pumps an und wankte derart wackelig los, dass wir uns vor Lachen ausschütteten.

Genau in dem Moment, als Birgit und ich jeweils mit einem Stöckelschuh und einem flachen Schuh herumliefen, kam ein Journalist von *Natur+Kosmos* vorbei, der an der Feier teilgenommen hatte. Er erfasste die Situation mit einem Blick und grinste bis über beide Ohren.

Ob er diese Szene noch in seinen Artikel reinschreiben dürfe, fragte er mich. Na klar, antwortete ich. Er begann später mit den wunderbaren Sätzen: »Eine schwankt, eine kichert, alle lachen. Auf den ersten Blick ist nicht ersichtlich, was da nachts in Berlin passiert, aber dann merkt man: Das ist ein Schuhwechsel. Genauer gesagt: Weltretterin Ulla Gahn rettet ihre Füße und wechselt nachts um halb zwei die Schuhe, und Freundin Birgit darf einmal auf diesen verwegenen Stilettos durch die Berliner Nacht stöckeln.« Das war wirklich süß.

14 *Durchströmt*
VON DER WELTRETTUNG ZUR SELBSTRETTUNG

Der Klimaschutzpreis brachte eine ungeheure Popularität. Nach der Preisverleihung in Berlin fuhr ich zurück nach Leipzig, unzählige Aufgaben warteten auf mich. Mein kleines WG-Zimmer war in den letzten Monaten tatsächlich zu einer Kommandozentrale zwecks Weltrettung geworden. Meine ganze Wand war zugepflastert mit Zetteln, Notizen, To-do-Listen, Erinnerungen, Terminankündigungen.

Ich wollte gern weitere Partys veranstalten, die Homepage verbessern, Infomaterial für Leute erstellen, die bei sich selbst zu Hause eine Ökostromparty organisieren wollen. Dringend brauchte ich eine professionelle Datenbank, um all die gesammelten Kontakte, Adressen und Telefonnummern zu verwalten – und Unterstützung, denn die Reihen meiner Helfertruppe waren arg dezimiert, strategisch wichtige Positionen unbesetzt: Barbara war schwanger, Suse war schwanger, Bernhard beim Umziehen.

Besonders laut war der Ruf nach weiteren Partys. Es kamen Anfragen aus Berlin, Hamburg, Bremen, aus der Nähe von Krümmel, Frankfurt am Main, Dortmund, Regensburg, Wiesbaden, Rosenheim und Salzgitter-Wolfenbüttel. Letzterer Ort kam in die Liste, weil wir dort einen großen Fan hatten: Sigmar Gabriel.

Bei einem Fernsehauftritt bei Maybrit Illner hatte ich den Bundesumweltminister persönlich kennengelernt. Als ich mich nach der Sendung an seinem Bodyguard vorbeidrängelte und ihm eine hausgemachte Visitenkarte überreichte, sagte er: »Das ist eines der innovativsten Projekte, von denen ich in letzter Zeit gehört habe. Können Sie so eine Ökostrom-Wechselparty auch bei mir im Wahlkreis machen?«

Klar, dachte ich. Aber vielleicht konnte er uns ja noch auf andere Weise helfen. Gab es vielleicht Fördermittel für junge Weltretterinnen? Irgendwie war ich an einem Punkt angekommen, an dem ich nicht mehr weiter wusste. Für das, was ich machen wollte, hatte ich bislang keine adäquate äußere Form gefunden. Das Ergebnis meiner Inventur: Meine tolle Lebensphilosophie – ein Drittel für mich, ein Drittel für die Welt und ein Drittel für Geld – hatte sich komplett aufgelöst. Die Strompartys waren das Drittel für die Welt. Doch aus dem Drittel war erst die Hälfte und dann mein ganzes Leben geworden.

Ich hatte sieben Monate lang unentwegt rotiert, immer wieder Unmögliches möglich gemacht – aber die Sorgenberge waren noch nicht wirklich kleiner geworden: Mit wem konnten wir kooperieren, ohne unsere Ideale zu verraten? Wie konnten wir professionell arbeiten, ohne Strukturen wie zum Beispiel ein Sekretariat oder Büro zu haben? Und wer sollte das alles bezahlen? Wie verlängerte man den Tag auf achtundzwanzig Stunden? Und selbst wenn ich es machte wie der Prophet Elija und mich unter dem Dornenstrauch in der Wüste verkriechen würde, wo sollte dann in unserer heutigen Zeit der rettende Engel herkommen? Außerdem hatte ich schon eine viel zu große Hypothek auf meine eigenen Gesundheitsreserven aufgenommen.

Als dann auch noch ein Sponsorentermin in Berlin in die Hose ging, hatte ich die Nase voll und fuhr kurz entschlossen mit dem Zug von der Hauptstadt über Leipzig nach München und von dort aus mit dem Nachtzug bis nach Italien. Warum? Ich wollte dort eine Woche lang in die »Wildnis« gehen.

Ein Bekannter von mir bietet in der Toskana Wanderungen in der Natur an. Das Konzept heißt »Vision Quest«, folgt einer indianischen Tradition, die aber mehr und mehr in Vergessenheit geraten ist. Im Grunde geht es darum, dass man sich vor schwierigen Lebensentscheidungen in die Natur begibt und sich dort auf das Wesentliche besinnt. Wenn man erst einmal alles Unwichtige beiseitelässt, erscheinen die wirklich entscheidenden Fragen wieder auf den Schirm: Woher komme ich? Welchen Weg habe ich gewählt? Wie soll es weitergehen?

Eine solche Besinnung war genau das, was ich jetzt brauchte. Mein momentanes Ziel sollte das toskanische Bergland sein, weit hinter Siena, Richtung Castagneto Carducci. Ich war noch nie im Herbst in Italien gewesen, und ich hatte fürchterliche Angst, dass es kalt sein und ich frieren könnte. Immerhin sollte ich draußen übernachten, allein, und wer weiß, was mich sonst noch da erwartete ...

Aber schon auf dem Weg dorthin zeigte das uralte Ritual seine Wirkung. Alle meine Züge waren pünktlich. Ich hatte in München eine Stunde Aufenthalt, meine Freundin Birgit brachte mir ein Brotzeitpäckchen, das meine Mutter ihr mitgegeben hatte. Im Nachtzug waren wir nur zu zweit in einem Sechserabteil, am Bahnhof in Rosenheim reichte mir eine Freundin, mit der ich früher viele Bergsteigertouren unternommen hatte, noch ihren Daunenschlafsack in den Zug. Und früh am Morgen, hinter der italienischen Grenze, erhielt ich eine SMS von einem anderen Teilnehmer der Vision-Quest-Gruppe: »Wir sind mit dem Auto in Florenz, können dich am Bahnhof abholen.«

So fing es an, mit diesen Fügungsmomenten.

Zuerst bereitete ich mich in der Gruppe auf mein Abenteuer vor. Man überlegt dabei: Um was geht es? Was will ich klären? Was sind die Fragen, denen ich mich konkret stellen will?

Zu diesem Vorbereitungstraining gehört auch, dass man

sich einen geeigneten Platz innerhalb eines abgesteckten Geländes suchen muss, auf dem man die drei Tage des Alleinseins verbringen will. Dabei ist man nur mit einer Überlebensausrüstung ausgestattet: einer Plane, falls es regnet, einem Schlafsack und einem Wasserkanister. Das war's. Ach ja, kein Essen.

Die meisten würden denken, dass solche Bedingungen hart sind. Aber hart sind nicht die Umstände, sondern das, was im Innern abgeht, wenn man mit seinen Fragen konfrontiert wird – ohne Ablenkung, ohne Alltag, ohne Handy.

Manche Leute stehen solchen Erfahrungen skeptisch gegenüber oder äußern sich abfällig darüber, halten es für eine esoterische Modeerscheinung, doch für mich ist es einfach nur ein altes Rezept, ein Rezept, um sich von der Natur spiegeln zu lassen. Wenn man sich darauf einlässt, werden sofort Zeichen erkennbar – und das hat nichts mit irgendeiner Art von Hexenkunst zu tun.

In meinem Fall – wie konnte es anders sein – war mein Trip in die Natur auch von einigen Schwierigkeiten geprägt. Es war vertrackt: Lange fand ich keinen geeigneten Platz. Eigentlich wollte ich mich auf der Spitze eines bestimmten Hügels einrichten. Ich lief in Richtung dieser Anhöhe, doch bald schon stieß ich auf ein Gatter, lange bevor ich oben angekommen war. Das Gelände war hier zu Ende. Also stieg ich auf einen anderen kleinen Berg und dachte: Na ja, vielleicht dieser Platz? Doch es war plötzlich ein so lautes Wildschweingegrunze zu hören, dass ich Angst bekam. Gesehen hatte ich die Wildschweine zwar nicht, doch die Grunzlaute reichten mir schon. Ich rannte den Hügel hinunter: Nein, hier wollte ich nicht bleiben.

Mittlerweile war ich leicht panisch und fragte mich, warum ich keinen Ort für mich entdeckte. Dann aber erblickte ich an einem weiteren Hang einen Platz, der wunderschön war: ein lichter Wald, zwei Bäume und ein ebener Boden dazwischen. Sofort fühlte ich mich wohl.

Zu diesem alten Ritual gehört, dass man nicht gegen die Natur arbeitet, dass man sehr vorsichtig mit ihr umgeht und keine Tiere stört. Man hat die Aufgabe, sich an dem Ort, den man für sich ausgewählt hat, kurz hinzusetzen und zu fragen, ob man willkommen ist. Ich nahm also meinen Rucksack ab, ließ mich auf den Boden nieder, und innerhalb kürzester Zeit stellte sich ein Gefühl der Zufriedenheit ein. Nun war ich sicher: Dies ist mein Platz.

Am nächsten Morgen ging es los. Drei Tage sollte ich nun in diesem freundlichen kleinen Wald verbringen. Ohne Handy, ohne Termine hatte ich Zeit, mir zu überlegen, was ich eigentlich wollte. Ich ließ die Ereignisse des letzten halben Jahres vor meinem inneren Auge Revue passieren, musste schmunzeln über die unglaubliche Karriere meiner Küchenidee, dachte an all die tollen Partys – und fast war ich stolz auf mich, wenn da nur nicht diese nagenden Zweifel gewesen wären und die Sorgen, wie es denn weitergehen wird, ob überhaupt. Wie sollte ich dieses riesig gewordene Schiff überhaupt noch lenken, mehr oder weniger allein? Und immer wieder spürte ich den Zwiespalt: Wie werde ich diese Arbeit machen können, ohne meine Seele dabei zu verkaufen. Musste ich jetzt alles hinschmeißen, die Sache loslassen, nur um selbst zu überleben?

Irgendwann in dieser Zeit, zwischen mondbeschienenen Nächten, sonnigwarmen Herbsttagen und dem leisen Windhauch, der die Blätter der Bäume rascheln ließ, löste sich der Knoten. Ich fand mein Herz wieder, konnte meine Bedenken hinter mir lassen und das Ganze positiv, von einer anderen Seite betrachten. Ich begriff, dass es nicht eine Last ist, sondern ein Geschenk, wenn man mit Kreativität und Mut und Freunden gesegnet ist, und die Kraft hat, damit Dinge zu bewirken. Auf einmal wusste ich, ich würde weitermachen, mit dem, was ich angefangen hatte. Das Ziel konnte nicht sein, mit meinen Aktionen aufzuhören, nein, ich musste meiner Zerrissenheit und dem Zweifel ein Ende setzen, den Sorgen ein Verbotsschild umhängen.

Nach diesen Tagen in der Wildnis war ich völlig verändert. Ich hatte wieder Vertrauen, ich hatte weder gefroren noch waren mir Wildschweine zu nahe gekommen. Ich sah ein, dass ich nicht immer alles perfekt vorbereiten und organisieren kann, dass ich auch mal loslassen muss.

Als ich von dem Berg herabstieg, kletterte ich als Erstes barfuß auf einen Feigenbaum und pflückte mir eine saftige, reife Frucht. Sie war warm von der Sonne, herrlich. Ein Kindheitstraum war in diesem Moment in Erfüllung gegangen.

Zurück in Leipzig waren meine Freunde glücklich darüber, dass ich endlich wieder in kleinen Gängen fahren konnte, nicht mehr so hektisch war. Ich versuchte meine Wildnisweisheit so gut es ging in meinen Alltag zu integrieren. Ich bemühte mich, mit einem Lächeln und nicht mit einer Sorgenfalte im Gesicht aufzuwachen, und wenn ich in meiner Küche saß, dort, wo alles begonnen hatte, erinnerte ich mich an all die schönen und lustigen Begebenheiten, die mir das Weltrettungsabenteuer beschert hatte.

Natürlich ließen die nächsten Anfragen, Termine und Interviews nicht lange auf sich warten, doch wenn ich jetzt meine „Weltrettungszentrale" betrat, tat ich viel, mich nicht verrückt machen zu lassen. So setzte ich mich auch daran, die riesige und scheinbar unmöglich lösbare Liste an anstehenden Aufgaben in realistische Häppchen einzuteilen.

Zu behaupten, dass mir das immer gelang, wäre natürlich gelogen, aber ich probierte es zumindest. Ich hatte natürlich noch die eine oder andere Wallung, weil viele Dinge weiterhin ungeklärt waren. So wusste ich nicht, ob ich es wirklich schaffen würde, neue Partys zu organisieren. Würde ich einen Mittelweg finden zwischen der Reinheit der Weltrettungsidee und dem Zwang wirtschaftlich zu sein? Wie lange würde diese Idee überhaupt leben? Wann käme die nächste, und was für ein Projekt würde daraus folgen? Und nicht zu vergessen: Sollte ich vielleicht noch heiraten und Kinder kriegen?

Trotz dieser ungelösten Fragen begleitete mich jedoch seit meinen Tagen in der Wildnis ein sicheres Grundgefühl: Was ich gemacht hatte, war gut und richtig gewesen. Die Partys hatten mir – das mag pathetisch klingen – Erfüllung gebracht. Teilweise führten sie mich an meine Grenzen, innere wie äußere, aber um nichts möchte ich diese Erfahrungen missen. Im Nachhinein bin ich dankbar, dass ich diese intensive Zeit erleben konnte, die ich mir durch eine scheinbar unscheinbare Idee selbst beschert hatte. Ich weiß, es werden auch in Zukunft schwierige Zeiten kommen – aber eben nicht nur. Die Dinge werden sich auch fügen. Es wird weitere Rückschläge geben, weitere Erfolge, Euphorie und Zweifel. So ist das Leben.

Mir ist jetzt klar geworden, es war nicht der riesige Berg an Arbeit, den ich bezwingen musste, sondern es waren die inneren Hürden, die es zu überwinden galt. Ich hatte eine Idee gehabt, Kuchen gebacken, Mut gehabt, weitergemacht, durchgehalten, war über mich hinausgewachsen – und hatte mit scheinbar naivem, aber doch eisernem Hausfrauenwillen meinen Beitrag zu einer Veränderung geleistet.

Und irgendwo unterwegs war ich ein wenig weiser geworden. Und dank dieser Weisheit kann ich heute die Geschichte der Ökostrom-Wechselpartys ins Leben entsenden. Die Idee kann ihre eigene Entwicklung nehmen, das Feld ist frei für andere Akteure. Mögen gute Dinge dadurch geschehen, Menschen ermutigt und inspiriert werden, die Welt ein Stück besser werden.

Und ich? Nun ja, ich werde wohl erst mal ein rauschendes Fest feiern, meine Freunde und Familie einladen, ihnen das Buch zeigen und lautstark verkünden: Ich habe mein Leben geheiratet und dieses viereckige Kind hier geboren.

SERVICETEIL

ÖKOSTROM-WECHSELPARTY IM TASCHENFORMAT

Rom wurde nicht an einem Tag erbaut, und ich werde hier nicht alles über Ökostrom erzählen können. Ich beschränke mich auf das, was meiner Ansicht nach für den Wechsel zu sauberem Strom am wichtigsten ist. Wer selbst eine Ökostromparty bei sich zu Hause veranstalten möchte, findet hier entsprechende Tipps und Antworten auf die Fragen, die auf den Ökostrompartys am häufigsten gestellt werden.

Wie organisiere ich selbst eine Ökostrom-Wechselparty?

Bei der Veranstaltung Ihrer eigenen Ökostrom-Wechselparty ist es am erfolgversprechendsten, wenn Sie Ihren Gäste umfassende Informationen über die Anbieter von sauberem Strom zur Verfügung stellen, fachliche Fragen und Bedenken ausräumen können und den aktiven und sofortigen Wechsel unterstützen. Ich empfehle eine Internetverbindung, auf der sowohl die Portale der Anbieter als auch der Preisrechner auf unserer Homepage (www.oekostrom-wechselparty.de) zur Verfügung stehen. Dieser Informationsweg spart Papier und Kosten, Sie können aber selbstverständlich auch Informationsbroschüren bei den jeweiligen Anbietern bestellen. Fordern Sie Ihre Gäste in Ihrer Einladung auf, ihre alte Stromrechnung mitzubringen und alle nötigen Daten bereitzuhalten.

Laden Sie Menschen ein, die Sie nicht unbedingt dem ökologischen Sektor zuordnen würden, denn Ökostrom und Klimaschutz gehen alle an. Sinnvoll ist es, Experten für Fachfragen an Ihrer Seite zu haben. Hören Sie sich um, meist gibt es sogar im privaten Umfeld Menschen, die technisch versiert sind und Fragen zu diesem Gebiet beantworten können. Achten Sie darauf, dass kein Fachchinesisch gesprochen wird, informieren Sie den eingeladenen Experten darüber, dass er vor einem Laienpublikum spricht und deshalb einfache Erklärungen und Beispiele vorbereiten soll.

Bedenken Sie, dass die meisten Menschen noch nie in ihrem Leben über Strom nachgedacht, geschweige denn einen Stromwechsel vollzogen haben. Haben Sie Verständnis für scheinbar weithergeholte Fragen.

Ermutigen Sie Ihre Gäste, den Wechsel sofort zu vollziehen, den Antrag gleich zu unterschreiben, sonst landet das Infomaterial nur zu schnell auf dem Stapel »Irgendwann machen« – so lange konnen wir aber mit dem Klimaschutz nicht warten.

Was ist Ökostrom?

Ökostrom wird aus Wind, Wasser, Sonne und Biomasse erzeugt, aus erneuerbaren (regenerativen) Energien, deren Rohstoffbasis sich erneuert oder natürlicherweise unbegrenzt zur Verfügung steht – im Gegensatz zu Strom aus Uran, Kohle oder Öl.

Zum Ökostrom gehört auch die Erdwärme, die sich zur Stromgewinnung nutzen lässt (ist beispielsweise in Island die wichtigste Stromquelle). Die damit verbundene Technik nennt man Geothermie. Sogenannte Kraft-Wärme-Kopplungsanlagen (KWK) auf Erdgasbasis zählen ebenfalls zu den sauberen Stromerzeugern. Ökostrom kommt durch das normale Stromnetz ins Haus. Es werden die vorhandenen Übertragungsleitungen und Stromzähler genutzt.

Zu den einzelnen erneuerbaren Energienquellen:

Wasser Bei den Wasserkraftwerken wird die mechanische Energie des Wassers in elektrischen Strom umgewandelt. In vorindustrieller Zeit wurde die Kraft des Wassers bereits zum Antrieb von Mühlen und Sägewerken genutzt, heute dient sie fast ausschließlich zur Erzeugung elektrischer Energie. Sie sind also in Deutschland die älteste Form, grünen Strom herzustellen. Die Möglichkeiten, hierzulande Wasserkraft zu erzeugen, sind zu 90 Prozent ausgeschöpft. Das heißt: Die Flüsse, an denen es sinnvoll und umweltverträglich war, ein Wasserkraftwerk aufzustellen, haben bereits ein solches. Es gibt aber noch Optimierungsmöglichkeiten durch Effizienzsteigerung. Weltweit stellt die Wasserkraft 16 Prozent der Stromerzeugung und liegt so fast gleich mit der Kernkraft.

Wind Die Windenergie ist in den letzten Jahren zu einem wichtigen Bestandteil des deutschen Energieversorgungssystems geworden, sie ist die am kräftigsten wachsende Branche der erneuerbaren Energien. Die seit 1995 installierte Windkraftleistung hat sich bis heute verfünffacht. Ende des Jahres 2006 standen laut Angaben des Bundesministeriums für Umwelt, Naturschutz und Reaktorsicherheit (BMU) in Deutschland 18 685 Windräder mit einer Leistung von rund 20 600 Megawatt zur Stromerzeugung bereit, insgesamt lag die Stromerzeugung durch Windkraft 2006 bei 30,5 Milliarden Kilowattstunden. Durch Repowering, also durch Ersetzen älterer, bereits bestehender Windräder oder durch den Einbau neuer leistungsfähiger Generatoren, kann Effizienz zusätzlich gesteigert werde, auch von Windparks auf See. Vögel kommen durch die Rotoren nicht zu Schaden, und zu Wanderfreunden, die die Windräder hässlich finden, pflege ich zu sagen: »Würden Sie lieber durch einen Braunkohletagebau wandern oder neben einem AKW wohnen?«

Sonne Sonnen- oder Solarenergie bezeichnet die von der Sonne erzeugte Energie. Die Nutzung der Sonnenenergie hat das Potenzial, die herkömmlichen Energiequellen zu ersetzen.

Solarenergie ist sehr beliebt. Inzwischen haben viele Menschen sogar schon ihre eigene Anlage auf dem Dach. Bei dieser Energieform muss man unterscheiden zwischen Photovoltaik-Anlagen – hier wird Strom erzeugt – und solarthermischen Anlagen, hier wird warmes Wasser zum Duschen oder für die Heizung erzeugt. In Spanien müssen inzwischen per Gesetz alle Neubauten mit solchen Anlagen ausgerüstet werden.

Besonders interessant ist die Solarenergie sogenannter Rinnenkraftwerken, die in den USA beispielsweise seit den Achtzigerjahren im Einsatz sind. Hier werden das Sonnenlicht spiegelnde Rinnen aufgestellt, die am Brennpunkt eine Ölleitung führen. Das von der Sonne aufgeheizte Öl kann gespeichert werden, und man kann dann mittels Dampfturbine nach Bedarf Strom herstellen. Solche Kraftwerke sind fast doppelt so leistungsfähig wie unsere heimischen Photovoltaikanlagen und nur halb so teuer.

Biomasse Unter Biomasse sind alle Arten von Pflanzen, die auch zur Energiegewinnung angebaut werden können, sowie pflanzliche und tierische Reststoffe zu verstehen, also vom

Kuhmist bis zu Holzspänen. Daraus lassen sich in einem Biomasse-Kraftwerk beispielsweise mittels Vergärung feste, flüssige und gasförmige Energieträger gewinnen. Obwohl hier geringfügig CO_2 entsteht, ist dies nicht mehr, als die Pflanzen in ihrem Leben aufgenommen haben. (Pflanzen nehmen durch Photosynthese Kohlenstoffdioxid auf und speichern es.)

Biomasse-Kraftwerke sind steuerbar in ihrer Stromlieferung. Das ist besonders wichtig, weil die alten Atomstromanbieter oftmals darauf verweisen, dass die Spitzenbelastungszeiten, also mittags, wenn in ganz Deutschland die Küchenherde angestellt werden, von erneuerbaren Energien nicht getragen werden könnten.

Biomasse-Kraftwerke machen besonders viel Sinn, wenn sie in der Nähe von Wohngebieten stehen, dann kann nämlich auch noch die Abwärme genutzt werden. In der Größe sind diese Kraftwerke beschränkt. Wenn die Rohstoffe zu weit angeliefert werden müssen, wird es unrentabel. Die intensive Nutzung (Verbrennung) von Getreide wird aus ethischen Gründen kontrovers diskutiert, verheizt man doch hier im ungünstigsten Fall das eigene oder anderer Leute Frühstück.

KWK In einer Kraft-Wärme-Kopplungsanlage (KWK) wird Erdgas über Gasturbinen in Strom umgewandelt, hierbei entsteht noch geringfügig CO_2. Aber das Besondere bei einer solchen Anlage besteht darin, dass die Abwärme des Verbrennungsvorgangs nicht im Kühlturm verpufft, sondern beispielsweise in Nah- oder Fernwärmenetzen zum Heizen oder zur Warmwasserbereitung benutzt wird. Das hat damit zu tun, dass der Kern einer Kraft-Wärme-Kopplungsanlage meist aus einem Verbrennungsmotor besteht, der einen Generator antreibt. So entsteht neben Strom auch Wärme. Es lohnt ein Blick auf den prozentualen Anteil der Primärenergienutzung: bei Atomstrom sind es 35 Prozent, bei einer KWK bis zu 90 Prozent Wirkungsgrad.

Geothermie Dies ist eine Technologie, die, obwohl sie sich zum Beispiel im Wohnungsbau bereits bewährt hat, immer noch sehr unbekannt ist. Ausgangsbasis ist die Tatsache, dass die Erde immer wärmer wird, je tiefer man bohrt. Wenn man also Wasser, bevor man es heizt, mittels Pumpen, die durch das Erdreich laufen, vorwärmt, kann eine Menge Energie eingespart werden und damit auch der CO_2-Ausstoß. Fachleute schätzen, dass Geothermie für einen ausgewogenen Energiemix bei der zukünftigen Stromversorgung sehr wichtig sein wird.

Wie funktioniert der Wechsel zu Ökostrom?

Jeder, der eine Steckdose und einen Stromzähler zu Hause hat, kann wechseln. Egal, ob man zur Miete wohnt oder in einem Eigentumshaus. Auch gewerbliche Räume oder mittelständische Betriebe und Unternehmen können mit Ökostrom versorgt werden.

Zum Wechseln sollte man folgende Informationen zur Hand haben (Sie finden sie auf Ihrer alten Stromjahresabrechnung):

- Zählernummer (findet sich auf dem Stromzähler)
- Jahresverbrauch (Kilowattstunden)
- Eigener Name und Adresse

Wenn Sie sich für einen der Ökostromanbieter entschieden haben, brauchen Sie jetzt nur einen Wechselantrag auszufüllen und abzuschicken. Sie können das auch im Internet erledigen. Die Abmeldung bei Ihrem alten Versorger und alle weiteren Schritte übernimmt Ihr neuer Ökostromanbieter für Sie.

Wundern Sie sich nicht, wenn das eine Weile dauert. Die Ummeldungen zwischen den Stromanbietern erfolgen »paketweise«, immer zum Monatsende, da sonst der Verwaltungsaufwand zu groß ist. Sie erhalten dann ein Schreiben, ab wann Sie grünen Strom beziehen und folglich Ihre Bankanweisung umstellen können.

Achten Sie darauf, dass Sie die Zählernummer sowie Namen und Adresse fehlerfrei angeben. Vor allem bei Ehepaaren mit unterschiedlichen Nachnamen oder in WGs sollten vorsichtshalber alle unterschreiben, die auch den alten Vertrag unterzeichnet haben. Sonst entstehen unnötige Verzögerungen beim Wechsel.

Es kommt leider immer wieder vor, dass Altanbieter Briefe verschicken, mit dem Inhalt, dass ein Wechsel nicht möglich ist. Diese Anschreiben sind stets glaubwürdig formuliert – und dennoch oftmals falsch. Böse Zungen behaupten, dahinter stecke eine erfolgreiche Taktik, um Kunden zu halten. Viele lassen sich nämlich leider davon abschrecken. Bleiben Sie standhaft, rufen Sie auf jeden Fall Ihren neuen wie auch Ihren alten Anbieter an und bestehen Sie auf sauberen Strom.

Seit der Liberalisierung des Strommarkts 1998 hat jeder das Recht, seinen Stromanbieter selbst zu wählen. Der Wechsel zu Ökostrom kostet nichts. Keiner der von mir empfohlenen Ökostromanbieter berechnet Wechselgebühren, sie sind auch gesetzlich verboten.

Typische Fragen und Wechselsorgen

Kommt wirklich grüner Strom aus meiner Steckdose?
Das ist eine der häufigsten Fragen, die auf den Ökostrompartys gestellt wird. Die Antwort ist: nein, aber ... es macht trotzdem Sinn zu wechseln.

Die Elektronen, die aus Ihrer Steckdose rauskommen, bleiben die gleichen wie vor dem Wechsel. Das liegt daran, dass der Strom aus einem deutschen beziehungsweise europäischen Stromnetz kommt. Das vorhandene Netz ist wie ein großer See (der Strom ist das Wasser), in den die Erzeuger sauberes, manche aber auch dreckiges Wasser einspeisen. Die Verbraucher werden dann je nach Nachfrage aus diesem See beliefert. Wenn Sie Ihr Geld also einer Firma geben, die sauberen Strom in diesen Stromsee einspeist, sorgen Sie dafür, dass das gesamte Stromangebot sauberer wird. Und wenn dieser Ökostromanbieter damit auch noch Neuanlagen baut, dann erreichen Sie den maximal möglichen Umwelt- oder Naturnutzen. Weil Ihr Stromgeld dann dafür sorgt, das nach und nach alte und schmutzige Kraftwerke abgeschaltet werden. Daher macht es trotzdem Sinn, zu Ökostrom zu wechseln.

Wie steht es mit der Versorgungssicherheit, der Zuverlässigkeit?
Auch Ökostrom kommt weiter zuverlässig und ohne Unterbrechung aus Ihrer Steckdose. Da die Energieversorgung vernetzt ist, ist gewährleistet, dass immer genug Strom für die Verbraucher zur Verfügung steht. Die Umstellung auf grünen Strom ist eine »kaufmännische«; dahinter verbirgt sich kein technischer Schalter, der irgendwo umgelegt werden muss.

Jeder Mensch in Deutschland hat ein gesichertes Recht auf eine Stromgrundversorgung. Für den ordnungsgemäßen Betrieb des Netzes und damit auch für den Anschluss Ihres Hauses, ist Ihr Altanbieter gesetzlich verantwortlich (also auch bei einem defekten Stromzähler). Er ist der Netzbetreiber – unabhängig davon, von welchem Anbieter Sie Strom beziehen.

Wenn Sie Ökostrom bestellen, verleihen die Altanbieter ihre Infrastruktur – die Kabelwege, den Stromzähler – gegen eine Gebühr an den Ökostromanbieter. Im Fachjargon heißt das »Netznutzungsvertrag«. Der Ökostromanbieter (oder ein anderer Stromversorger) zahlt etwa den örtlichen Stadtwerken Durchleitungsgebühren dafür, dass er die »Hardware«, also den Kabelweg, bis zum Endkunden nutzen darf. Man kann sich das ähnlich wie beim Telefonieren vorstellen: Hier werden ja auch die Telekom-Leitungen genutzt, wenn man eine Call-by-Call-Nummer eines anderen Anbieters vorwählt.

Gibt es genug Ökostrom?

Ja, es gibt mehr als genug grünen Strom. Schon allein die Windkraftressourcen in Europa reichten aus, um den kompletten Energiebedarf in diesen Ländern zu decken.

Selbstverständlich könnte nicht ganz Deutschland von heute auf morgen auf Ökostrom umsteigen. Aber entscheidend ist, dass nicht weiter auf Atomenergie oder Kohle gesetzt wird, sondern auf Neuanlagen, die erneuerbare Energien zu Strom machen. Die fossilen Rohstoffe gehen deutlich zur Neige, während die für Ökostrom, also Sonne, Wind, Wasser und Biomasse, unendlich verfügbar sind.

Der Ökostrommarkt unterliegt, wie sollte es anders sein, den wirtschaftlichen Grundprinzipien von Angebot und Nachfrage. Derzeit gibt es (viel) weniger Käufer von grüner Energie, als diese ohnehin ins Netz gespeist wird. Deshalb muss das erklärte Ziel sein, die Nachfrage nach Ökostrom so zu intensivieren, dass sie das Angebot übersteigt. Wenn die großen Energieversorgungsunternehmen ihren »unsauberen« Strom dann nicht mehr loswerden, wird es zusätzliche wirtschaftliche Impulse für den Bau neuer Ökostromkraftwerke geben. Mit dieser vielbeschworene Konsumentenmacht lässt sich dann ganz einfach von zu Hause aus »die Welt retten« oder, wie die Fachleute sagen, die Energiewende herbeiführen.

Es wurde immer wieder über Schummeleien mit Ökostrom berichtet, was ist da nun wirklich dran?

In diesen Berichten über angebliche Schummeleien geht es um sogenannte RECS-Zertifikate (Renewable Energy Certificate System). Mit diesen ist es möglich, den produzierten Ökostrom in die Bestandteile »Öko« und »Strom« zu zerlegen, die dann einzeln verkauft werden können. Für einen geringen Aufschlag von rund 0,05 Cent/Kilowattstunde kann sich so ein konventioneller Kohle- oder Atomstromanbieter eine grüne Verpackung für seinen »grauen« Strom erhandeln – und dann, etwas teurer, als »Quasi-Ökostrom« weiterveräußern. Die Skandalnachrichten sind außerdem dadurch entstanden, dass es durch die nicht vorhandene Transparenz auf dem Strommarkt passieren kann, dass Stromerzeuger zum Teil ihr »Öko« zweimal verkauft haben, einmal als Zertifikat »nur Öko« und einmal zusammen mit dem Strom als »Ökostrom«. Das ist dann einmal Öko zu viel.

Die Naturstrom AG und Greenpeace Energy lehnen das Modell der RECS-Zertifikate explizit ab, weil es vor allem von den großen Stromkonzernen gestützt und vorangetrieben und von diesen gegen das sehr erfolgreiche deutsche Erneuerbare-Energien-Gesetz (EEG) positioniert wird. Wie bei allen nach Skandal riechenden Ökostromnachrichten lohnt sich die Frage: Wer profitiert davon am Ende?

Was heißt EEG?

EEG ist die Abkürzung für das Erneuerbare-Energien-Gesetz (am 1. April 2000 in Kraft getreten). Es soll den Ausbau von Energieversorgungsanlagen vorantreiben, die aus sich erneuernden (regenerativen) Quellen gespeist werden, dient vorrangig dem Klimaschutz und gehört zu einer ganzen Reihe gesetzlicher Maßnahmen, mit denen die Abhängigkeit von fossilen Energieträgern wie beispielsweise Erdöl, Erdgas oder Kohle verringert werden soll. Gegenwärtig wird das deutsche EEG von 47 Staaten der Erde in seinen Grundzügen übernommen.

DIE ÖKOSTROMANBIETER

Es gibt in Deutschland vier Ökostromanbieter: EWS Schönau, Greenpeace Energy, LichtBlick und Naturstrom. Alle erfüllen die drei Kriterien für echten Ökostrom:

- Unabhängigkeit: der Anbieter ist nicht verflochten mit den Atom-Kohlestrom-Kartellen.
- Bundesweite Verfügbarkeit: Jeder Kunde in Deutschland kann ihren Ökostrom beziehen.
- Zertifikat: Es wird extern geprüft, ob wirklich grüner Strom angeboten wird.

Folgendes sollte man zu den einzelnen Bereichen wissen:

Unabhängigkeit In Deutschland gibt es insgesamt über 900 Stromanbieter, der Markt wird aber hauptsächlich von vier großen Energieanbietern und deren Tochtergesellschaften beherrscht: EnBW, E.ON, RWE und Vattenfall. Etwa an der Hälfte aller deutschen Stadtwerke und Regionalversorger sind sie mit wenigstens zehn Prozent beteiligt. Die Anteile sichern dem Stromkartell einen unmittelbaren Zugang zu den Kunden, die Kontrolle über das Endverteilernetz und direkten Einfluss auf die Preisbildung auf den regionalen Märkten. Trotz Strommarktliberalisierung besteht deshalb immer noch kein natürlicher Wettbewerb – und die Preise sind zu hoch.

Bei den Ökostromanbietern hingegen besteht keinerlei eigentumsrechtliche Verflechtung mit einem Stromkonzern, der Atom- oder Kohlekraftwerke betreibt.

Bundesweite Verfügbarkeit Es gibt regionale Ökostromangebote, die sowohl Strom von einem unabhängigen Erzeuger abkaufen als auch zertifiziert sind. Es lohnt sich auf jeden Fall, vor Ort solche Angebote zu prüfen. Auf meinen Ökostrompartys wäre der Aufwand leider zu groß, um derartige Sonderfälle zusätzlich vorzustellen.

Zertifikat Es gibt in Deutschland kein einheitliches Ökostromsiegel. Bei den jeweiligen Zertifikaten gibt es unterschiedliche Auflagen. Für alle gilt: Der Strommix bei einem Ökostromanbieter muss mindestens zu 50 Prozent aus erneuerbaren Energien bestehen, maximal 50 Prozent dürfen aus gasbetriebenen Kraft-Wärme-Kopplungsanlagen stammen. Das wird natürlich unterschiedlich umgesetzt. Es gibt also nicht wie beim Bier ein einheitliches Reinheitsgebot.

Der Anbieter Naturstrom wurde bereits 1999 mit dem GrünerStromLabel (Gütesiegel Gold) ausgezeichnet. Dieses Label wird unter anderem getragen vom Bund für Umwelt und Naturschutz Deutschland (BUND), vom Naturschutzbund Deutschland (NABU), von EUROSOLAR und von Internationale Ärzte für die Verhütung des Atomkrieges/Ärzte in sozialer Verantwortung e.V. (IPPNW).

LichtBlick wird vom TÜV NORD kontrolliert und hat das okPower Label, das vom Verein EnergieVision vergeben wird. Zu den drei Gründungsmitgliedern dieses Vereins zählen das Öko-Institut, World Wide Fund For Nature (WWF Deutschland) und die Verbraucherzentrale Nordrhein-Westfalen.

Greenpeace Energy und auch EWS Schönau werden ebenfalls jährlich vom einem technischen Dienstleister zertifiziert, wobei sich die Genossenschaft Greenpeace Energy zusätzlich zum Ziel gesetzt hat, alle Neukunden nach spätesten fünf Jahren mit Ökostrom ausschließlich aus neu gebauten Anlagen zu versorgen.

Eine TÜV-Prüfung bedeutet: Es wird nur geprüft, dass das, was sich das jeweilige Unternehmen selbst vorgeschrieben hat, auch eingehalten wird. Das ist aber bei allen vier Ökostromanbietern unterschiedlich.

Um einen verlässlichen Direktvergleich bei der Qualität von Ökostrom anzustellen, eignen sich diese Zertifizierungen deshalb nicht. Sie grenzen den Ökostrom dennoch deutlich, zuverlässig und nachweisbar vom Atom- und Kohlestrom ab.

Die Ökostromanbieter sind Unternehmen mit völlig verschiedenen Hintergründen. Deshalb habe ich mir bei meinem eigenen Wechsel eine kleine Übersichtsliste mit Stichpunkten gemacht, um sie auseinanderzuhalten. Machen Sie sich selbst Notizen, wenn Sie Vergleiche anstellen, schreiben Sie auf, was für Sie wichtig ist. (Die Preise sind übrigens Bruttopreise inklusive 19 Prozent Mehrwertsteuer, Stand bei Druck des Buches und alle Angaben ohne Gewähr.)

EWS Schönau

Monatliche Grundgebühr: 6,90 Euro (die zahlt man immer, unabhängig vom Verbrauch)

Verbraucherpreis: 21,20 Cent/Kilowattstunde

Sitz in Schönau/Schwarzwald, im Besitz von 650 Gesellschaftern

Ca. 50 000 Stromkunden

Die Elektrizitätswerke Schönau sind bürgereigen, das ist einzigartig in Deutschland; das Unternehmen ist 1986 aus der Bürgerinitiative »Eltern für atomfreie Zukunft« angesichts der Katastrophe von Tschernobyl hervorgegangen. Die Bürger von Schönau, »die Stromrebellen«, übernahmen per Bürgerent-

scheid das Stromnetz in Schönau. EWS fördern das Stromsparen, mit ihrem »Sonnencent« dezentrale Solaranlagen und haben auch KWK.
Strommix: KWK-Anlagen (ca. 20 Prozent), Wasserkraftwerke (ca. 70 Prozent) und erneuerbare Energien (ca. 10 Prozent, EEG-Pflichtanteil).
Ziele: Eine nachhaltige Energieversorgung, Förderung erneuerbarer Energien, nicht gewinnorientiert, eher Gesinnungstäter.

Greenpeace Energy
Monatlicher Grundpreis: 8,90 Euro
Verbraucherpreis: 19,80 Cent/Kilowattstunde
Sitz in Hamburg, im Besitz einer Genossenschaft (Mitbestimmung)
Eigentlich mehr eine Stromeinkaufsgemeinschaft als ein Stromanbieter; sehr transparent und fördert extrem Neuanlagenbau.
ca. 60 000 Kunden
Strommix: Wasser (75 Prozent), Wind (10 Prozent), Biogas (0,5 Prozent), Photovoltaik (1 Prozent) und erneuerbare Energien nach EEG-Gesetz (13,5 Prozent).
Ziele: Unabhängige Stromversorgung; Erzeugung und Verkauf in einer Hand, das heißt: Endkundenversorgung; hoher Naturnutzen.

LichtBlick
Monatlicher Grundpreis: 7,95 Euro
Verbraucherpreis: 20,25 Cent/Kilowattstunde
Sitz in Hamburg; Besitzer: Hamburger Unternehmerfamilie
Ca. 395 000 Stromkunden
Regenwaldschutzprojekt; groß genug, um auch gerichtlich gegen Stromkartell vorgehen zu können oder einen Rechtsstreit anzustrengen; hat viele Filialen; Beratung zu Hause durch Außendienstmitarbeiter; Kunden-werben-Kunden-Programm.

Strommix: Biomasse (10 Prozent), Wasserkraft (71 Prozent), der Rest Wind, Photovoltaik, Geothermie.
Ziele: Wollen beweisen, dass Ökostrom auch wirtschaftlich rentabel ist, wollen fünftgrößter Stromanbieter in Deutschland werden.

Naturstrom
Monatlicher Grundpreis: 7,95 Euro
Verbraucherpreis: 19,90 Cent/Kilowattstunde
Sitz in Düsseldorf; Geschäftsform: Naturstrom AG
Ca. 17 000 Kunden
Ältester Ökostromanbieter; mit jeder verbrauchten Kilowattstunde fließt ein Cent in den Bau von neuen Erzeugungsanlagen.
Strommix: Wasserkraft (90 Prozent), erneuerbare Energien nach Gesetz (10 Prozent; EEG-Pflichtanteil).
Ziele: Wollen den größten Naturnutzen gewährleisten.

WIE VIEL KOSTET ÖKOSTROM?

Ökostrom ist teuer – diese Aussage stimmt nicht. Bei meinem Wechsel in Leipzig war Ökostrom teilweise sogar preiswerter als Graustrom.

Dennoch: Ein Kostenvergleich im Supermarkt ist sehr einfach: Ein Liter Milch kostet 80 Cent, 1,09 Euro oder 1,39 Euro, wenn man die Biomilch nimmt. Beim Strom ist das mit dem Preisvergleich etwas schwieriger. Ökostrom an sich gegeneinander abzuwägen, das kann man noch einigermaßen hinbekommen, das wäre wie Biomilch in einer blauen, gelben, roten oder lilafarbenen Flasche. Bei einem Vergleich mit Atom- und Kohlestrom müsste man dagegen mit so unterschiedlichen Dingen wie einer vorausbezahlen Milchlieferung im Tetrapack, Milch an der Tankstelle, Milchpulver sowie dem Eimer unter der Kuh operieren.

Das Verzwickte ist, dass man dabei immer wieder Gefahr läuft, im ausgeklügelten Verwirrspiel des Stromkartells stecken zu bleiben. Es lohnt sich, erneut die Frage zu stellen, wer davon profitiert, wenn Strompreise schwer vergleichbar sind und größtmögliche Verwirrung auf dem Markt herrscht.

Eine sehr beliebte Taktik ist, wie gesagt, Birnen mit Äpfeln zu vergleichen. Achten Sie bei einem Preisvergleich vor allem auf Folgendes:

- Oft sind nur die Nettopreise angegeben, auf die dann noch die Mehrwertsteuer dazugerechnet werden muss.
- Die Grundgebühr geben manche Stromanbieter in monatlichen Beträgen an, andere in jährlichen. Prüfen Sie das genau.
- Lesen Sie aufmerksam das Kleingedruckte Ihres Stromanbieters durch, ob neben dem Grundpreis noch eine Grundliefergebühr, eine Bereitstellungsgebühr, Zählergebühr oder andere »kreative« Kosten zum scheinbar günstigen Strom hinzukommen.
- Achtung bei einer Mindestlaufzeit, dahinter verbergen sich meist Knebelverträge. Das heißt: Sie bekommen den preiswerten Angebotspreis nur, wenn Sie dem Anbieter zwei Jahre treu bleiben. Die meisten kennen das von Handy-Verträgen. Ein fairer Preisvergleich sollte immer auf dem Basisgrundtarif erfolgen. Wenn es eine Preisänderung gibt, haben Sie jedoch trotz Knebelvertrag ein Sonderkündigungsrecht. Da sich auf dem Strommarkt die Preise zurzeit rasant ändern, sind Mindestvertragslaufzeiten nicht ratsam. Die vier empfohlenen Ökostromanbieter machen keine Knebelverträge.

DER PREISRECHNER

Auf unserer Homepage www.oekostrom-wechselparty.de finden Sie einen Preisrechner. Bitte nutzen Sie diesen zum Errechnen Ihres passenden Ökostromtarifs. Da die Strompreise der Altanbieter bundesweit so unterschiedlich sind und sich auch so schnell ändern, macht es keinen Sinn, hier einen Preisvergleich abzudrucken.

Generell setzt sich der Strompreis aus verschiedenen Kostenkomponenten zusammen. Ungefähr ein Drittel entfallen auf Abgaben und Steuern, die an die Kommunen, Städte und den Staat abgeführt werden müssen (Konzessionsabgabe, Strom- und Mehrwertsteuer). Ein weiteres Drittel erhalten die Netzbetreiber für die Nutzung der Stromnetze (Durchleitungsgebühr). Das letzte Drittel des Strompreises umfasst die Kosten für die Stromerzeugung sowie alle anderen Leistungen (Abrechnungs- und Kundenservice, Personal etc.).

Ganz wichtig ist es, zwischen echtem Ökostrom und einem Ökostromtarif (meist ein Zusatzangebot des örtlichen Anbieters) zu unterscheiden. Wenn man sich für Letzteres entscheidet, läuft man Gefahr, dass der Altanbieter einfach nur den Strom anders verteilt, eine Umschichtung in seinen Büchern vornimmt, im Sinne von: Sie bekommen mehr sauberen Strom, Ihr Nachbar dreckigeren. Für die Umwelt hat sich am Ende nichts geändert.

ADRESSEN

Weitere hilfreiche Adressen und Kontakte zum Ökostrom-wechsel gibt es auf der Ökostrom-Wechselparty-Homepage: www.oekostrom-wechselparty.de
Außerdem können Sie sich an die kostenlose Ökostrom-Hotline der Deutschen Umwelthilfe wenden: 0800/762 68 52 (werktags von 9.00 – 17.00 Uhr).

Ökostrom-Wechselparty
Büro »Weltrettungszentrale«
Postfach 10 04 47
04004 Leipzig

Verein »Weltverbesserung sofort und hausgemacht e.V.«
Vorsitzende: Ulla Gahn, Barbara Butz, Bernhard Schwandt
(Kontakt wie unter »Ökostrom-Wechselparty«)
Spendenkonto: GLS Gemeinschaftsbank, BLZ 43060967,
Kontonummer: 4013609200

Ökostromanbieter
EWS - Elektrizitätswerke Schönau Vertriebs GmbH
Friedrichstraße 53–55
79677 Schönau
Tel.: 07673 / 888 50
Fax: 07673 / 888 519
info@ews-schoenau.de
www.ews-schoenau.de

Greenpeace Energy eG
Schulterblatt 120
20357 Hamburg
Tel.: 040 / 808 110 600
Fax: 040 / 808 110 666
info@greenpeace-energy.de
www.greenpeace-energy.de

LichtBlick – die Zukunft der Energie GmbH & Co. KG
Max-Brauer-Allee 44
22765 Hamburg
Hotline: 0180 / 2-660 660
Fax: 0180 / 2-660 661
info@lichtblick.de
www.lichtblick.de

Naturstrom AG / NaturStromHandel GmbH
Mindener Straße 12
40227 Düsseldorf
Tel.: 0211 / 779 00-0
Fax: 0211/779 00-599
Hotline: 0211 / 779 00-444
info@naturstrom.de
www.naturstrom.de

Ein Umstieg auf Ökostrom wird weiterhin empfohlen von:
Deutsche Umwelthilfe e.V. (DUH)
Fritz-Reichle-Ring 4
78315 Radolfzell
Tel.: 07732 / 99 95-0
Fax: 07732 / 99 95-77
info@duh.de
www.duh.de

Atomausstieg-selber-machen
c/o Deutscher Naturschutzring (DNR) Büro Berlin
Marienstraße 19–20
10117 Berlin
Tel.: 30 / 678 17 75-77
Fax: 30 / 678 17 75-80

Weitere Unterstützer des Ökostromprojekts Atomausstieg-selber-machen:

Bund für Umwelt- und Naturschutz Deutschland e.V. (BUND): www.bund.net
Bund der Energieverbraucher e.V.: www.energienetz.de
Bundesverband Bürgerinitiativen Umweltschutz (BBU): www.bbu-online.de
Deutscher Naturschutzring/Dachverband der deutschen Natur- und Umweltschutzverbände e.V. (DNR): www.dnr.de
Deutsche Umwelthilfe e.V. (DUH): www.duh.de
Forum Umwelt und Entwicklung: www.forumue.de
Greenpeace Deutschland e.V.: www.greenpeace.de
GRÜNE LIGA e.V.: www.grueneliga.de
Internationale Ärzte für die Verhütung des Atomkrieges/Ärzte in sozialer Verantwortung e.V. (IPPNW): www.ippnw.de
Jugendbündnis Zukunftsenergie: www.zukunftsenergie.org
Mütter gegen Atomkraft e.V.: www.muettergegenatomkraft.de
NaturFreunde Deutschlands e.V.: www.naturfreunde.de
Naturschutzbund Deutschland e.V. (NABU): www.nabu.de
ROBIN WOOD e.V.: www.robinwood.de
urgewald: www.urgewald.de
WWF Deutschland: www.wwf.de
X-tausendmal quer: www.x-tausendmalquer.de

Verbraucherschutzzentralen

Die Verbraucherzentrale fordert zum Stromanbieterwechsel auf. In allen 16 Bundesländern gibt es eigene regionale Verbraucherschutzzentralen, sie bieten Beratung und Information und helfen bei Rechtsproblemen und vertreten die Interessen der Verbraucher auf Landesebene.
Siehe dazu: www.verbraucherzentrale.de

LITERATUR

Einfach das Klima verändern. 50 kleine Ideen mit großer Wirkung. München/Zürich 2007

Einfach die Welt verändern. 50 kleine Ideen mit großer Wirkung. München/Zürich 2006

Flannery, Tim: *The Future Eaters. An Ecological History of the Australasian Land and People.* New York 2002

–: *Wir Klimakiller. Wie wir die Erde retten können.* Frankfurt am Main 2007

Gore, Al: *Eine unbequeme Wahrheit. Die drohende Klimakatastrophe und was wir dagegen tun können.* München 2006

Latif, Mojib: *Bringen wir das Klima aus dem Takt? Hintergründe und Prognosen.* Frankfurt am Main 2007

–: *Herausforderung Klimawandel. Was wir jetzt tun müssen.* München 2007

Staudt, Thoralf, und Nick Reimer: *Wir Klimaretter. So ist die Wende noch zu schaffen.* Köln 2005

Unfried, Peter: *Okö. Warum es Spaß macht, die Welt zu retten.* Köln 2008

DANK

Unendlich dankbar bin ich für all die Unterstützung, die ich bekommen habe. Am liebsten würde ich natürlich die Menschen, die sich genauso wie ich ohne Geld für die Weltrettung eingesetzt haben, mit Golddukaten überschütten, aber solange die noch nicht herbeigezaubert sind, möchte ich sie als Zeichen meiner tiefen Anerkennung hier erwähnen:

Zuallererst ist da meine Freundin und weltbeste Chefsekretärin Barbara Butz, für deren Lob mir langsam die Worte ausgehen! Und danken möchte ich auch ihrem Mann Martin Siebach, der Tochter Martha und dem Ungeborenen, für deren Verständnis in dieser wahnsinnigen Zeit. Dann meiner Freundin Suse sowie meiner Freundin Birgit, die mich nie hat untergehen lassen. Ich möchte mich auch bei Eike bedanken, der, selbst wenn er jetzt andere Wege geht, mir durch seine Liebe und sein Vertrauen eine vielleicht unsichtbare, aber doch große Stütze war. Dank meinem Freund Martin »Rossy« Rössner, Sanitäter in allen technischen Notlagen, und was hätte ich gemacht ohne den Retter Bempf, der in Sachen Loyalität und Verlässlichkeit immer noch unerreicht ist? Was wäre gewesen, wenn Tobi nicht bei mir vorbeigekommen wäre, als ich eigentlich schon alles aufgegeben hatte und gesagt hätte: »Ulla, du schaffst das«?

Ganz herzlich danke ich meiner Mama, Roswitha »Bobbi« Gahn, für alles, was ich von ihr gelernt habe, und dass sie immer für mich da war, ist und sein wird, natürlich auch für ihre gigantische Unterstützung bei der München-Party. Vielen Dank auch meiner Schwester, Stefanie Gahn, für ihre Liebe, meinem

Schwager Mahgoub Idris für seinen aufmunternden Rat und meinen allerliebsten Nichten Miriam Aalaiyah und Mirecila Idris dafür, dass sie einfach sind wie sie sind. An meine Großtante Margot Lechelt geht mein riesiger Dank für ihre Großzügigkeit.

Der Verein »Weltverbesserung sofort und hausgemacht e.V.« wäre nie entstanden ohne Friederike Vogt, Peter Wettemann, David Cribb, Andreas Ahrens und später noch Volker Deus. Besonderer Dank gilt hierbei Bernhard Schwandt.

Handzettel, Plakate und T-Shirts wurden designt von Christine »Tine« Holzmann mit ihrem unvergleichlichen Händchen für gute Optik.

Vielen Dank meinen Mentoren Klaus Trübsbach, der mich in den Anfängen vertrauensvoll beraten hat, und Gerd Rosenkranz für unzählige Antworten auf verzwickte Fragen. Rettung in juristischer Not erhielt ich von Dieter Ebbinghaus.

Bei den drei Leipzig-Partys danke ich: Katia Klose, Bernd Karwen und Silke Peterson, Herrn Höppner, Christian Strauss, Norbert Broch, Professor Jörg Finke, Johannes Sibbor, Claudius Bruns, Robert Hartmann, Patrick Becker und Christoph Peters, Frau Baumgärtel und Herrn Degen, Michael Silberhorn, Holger Busse, Andrea Weile, Gabi Sundmacher, Josephine, Illona Feibel, Ulli Holzmann, Klaus Weber, Thilo Wille, Ralf Henzler, Jörg Weber, Thomas Krafft und Herrn Neger von Pinder Elektro. Dank auch an Björn Achenbach, Anselm Model von Zimo Druck und Peter Unfried.

Bei der Tourneeauftaktparty: Katrin Roschig und Sven Lachmann mit ihrem Feinkost-Team, Ared Hubert, Kameramann Claudius, Jürgen Kasek, Norman Volger, Markus Weber, Manuela Seeger, Max Leuprecht, Ferdinand Dürr mit Team, Ulrich Narup und Jörg Dahlke, Alexandra Arndt, Gero Lükking, Martin Halm, Thomas Banning, Corinna Hölzel, Reinhard Bütikofer, Kurt Mondaugen und das Leipzig Chamber Brass:

Peter Wettemann, Lukas Beno, Jan Wessely, Otmar Strobel, David Cribb.

In München: Christian Waggershauser, Willi Wermelt, dem »großen« Nico, Herrn Münchberg, Florian Ens, Herrn Reiner und Andreas Brunner, Trudl Meier-Staude und Sigi Grob, Werner Weindorf und Matthias Altmann, Frau Hacker, Gina Gillig, Ulla Klotz, Rosemarie Frör, Rita Baumeister, Werner Deiglmayr, Rudi Ammansberger, Ruth Paulig, Martin Scheuring, Martin Betzold und Team, Carl Hecker und Roland Strutz, Sebastian und Nadine Lecherbauer, Mr. Staab von MIA, Michel Philip Nierste und dem A-Capella-Chor Sound Affaire.

In Düsseldorf: Paul Jüttner, Murat Arslan und Alexandra Lang, Joe Michaels, Jimmy »Di Io« Ioannidis, Armin Helbach und Manfred Ganswindt, Eva Stegen, Frank Grünewald und seinem Kollegen, Oliver Hummel und seinem Team, Peter Blenkers, Ralph Schmidt, Dorothea Schubert, Anja Vorspel und Bärbel Höhn, Oliver Sitt, Stefan Schmidt, Dietmar Wolf und besonders Steffi Keppler.

Für den Deutschen Klimaschutzpreis 2007 bedanke ich mich bei der Deutschen Umwelthilfe, stellvertretend bei Harald Kächele, Jürgen Resch, Günther Baake, Melanie Reimer und Michael Meyer. Und wie schön, dass noch meine Freunde dabei waren: Noemi »Nömi« Hampel, Sabine Henning, Robin Henning und Conny Grohmann.

Beim Pendo Verlag danke ich Susanne Starnes, Meike Frese, und ganz besonders meiner Lektorin Regina Carstensen.

Und mein herzlicher Dank auch denen, die ich, sie mögen es mir bitte verzeihen, hier vergessen habe, deren Hilfe ich aber dennoch sehr schätze.